PAUL D'ARISTE

LA VIE ET LE MONDE
DU
BOULEVARD
(1830-1870)

PRÉFACE DE JACQUES BOULENGER

ÉDITIONS JULES TALLANDIER
75, RUE DAREAU, PARIS (XIVᵉ

LA VIE ET LE MONDE
DU
BOULEVARD

LE BOULEVARD DES ITALIENS EN 1840
d'après Eugène Lami

Pl. — 1.

PAUL D'ARISTE

LA VIE ET LE MONDE

DU

BOULEVARD

(1830-1870)

(UN DANDY : NESTOR ROQUEPLAN)

PRÉFACE DE JACQUES BOULENGER

ÉDITIONS JULES TALLANDIER
75, RUE DAREAU, PARIS (XIVᵉ)

A MA FEMME

P. D'A.

PRÉFACE

Puisqu'il voulait nous peindre la vie du boule-vard sous Louis-Philippe et Napoléon III, M. Paul d'Ariste ne pouvait mieux faire que de choisir Nestor Roqueplan pour centre de son tableau, car elle s'ordonne naturellement autour de lui, comme elle s'or-donnera plus tard autour d'Aurélien Scholl. Roque-plan a été le modèle, le type d'une race qui s'éva-nouit peu à peu depuis 20 à 25 ans, à mesure que son milieu naturel s'efface : de même (si j'ose dire) une foule d'animaux disparaissent lentement avec les déserts et les forêts vierges...

Le « Boulevard » a duré longtemps. Voilà 60 ou 70 ans que les chroniqueurs déplorent sa fin ; mais il a pourtant persisté jusqu'à 1900 au moins et c'est la guerre de 1914 seulement qui lui a porté le coup final. Mais quoi! nous sommes tous un peu semblables au laudator temporis acti d'Horace, et c'est en toute bonne foi et sincérité que nous regrettons les milieux que nous avons connus dans notre jeunesse, sans nous rendre bien compte que c'est celle-ci que nous pleurons en eux. Gustave Claudin écrivait que le « Boulevard » avait fini vers 1848 : ce sont les che-mins de fer qui l'ont tué, disait-il, en submergeant

Paris sous la province. Mais il oubliait qu'il était né hui-même, comme la plupart des vrais Parisiens, assez loin de la capitale. Tel Nestor Roqueplan, natif de Montréal dans l'Aude, tels Lautour-Mézeray, Malitourne, Romieu et bien d'autres... Non, ce ne sont point les chemins de fer qui ont tué le « Boulevard » : il a disparu lorsque les gens de lettres ont cessé d'aller au café, c'est-à-dire lorsqu'ils ont commencé d'aller dans le monde. Jadis on « prenait l'apéritif » ; aujourd'hui on « prend le thé »... Oh ! le « thé », c'est une manière de parler et je ne suis pas certain que les ligues anti-alcooliques aient rien gagné à ce changement. Mais les cafés, les brasseries, et même les restaurants (car aujourd'hui les écrivains dînent en ville) y ont perdu quelque chose.

J'imagine que le « Boulevard », sous Louis-Philippe et le Second Empire, ressemblait un peu à ce que pouvait être Deauville dans les années qui ont précédé la guerre. Les habitués en étaient un peu moins nombreux, voilà tout. Mais les deux ou trois mille personnes qui, vers 1910, formaient le Tout-Paris « à la page » (comme on ne disait pas encore) se connaissaient aussi bien que les cinq cents ou mille qui le composaient vers 1840. Je ne crois pas qu'elles dépensassent moins d'esprit, et il me semble qu'elles ne dépensaient pas plus d'argent. Car j'ai été frappé des prix que nous indique çà et là M. Paul d'Ariste. Évidemment les comparaisons du coût des choses et du pouvoir d'achat de l'argent aux différentes époques sont toujours bien approximatives. Mais enfin nous savons tous que (les loyers à part) on ne se procure guère plus aujourd'hui avec 1 franc que

ce que l'on se procurait avec 20 centimes en 1914.
Or, la vie était déjà plus chère, dans l'ensemble, en
1914 qu'en 1840 : ouvrez Balzac, et vous y verrez
qu'un revenu de 50000 francs correspond à un train
de vie au moins aussi luxueux qu'un revenu de 80 ou
100000 francs en 1914 et donc de 4 ou 500000 francs
à cette heure. En multipliant par 6 les chiffres donnés par M. d'Ariste pour traduire les prix qu'il nous
donne en francs de 1929, nous n'exagérons donc nullement, bien au contraire. Or, que voyons-nous ?

Nous voyons que Roqueplan dépensait chaque
jour de 16 à 20 francs pour son dîner, donc 90 ou
120 francs d'aujourd'hui; ce n'est pas mal pour un
journaliste, même élégant. Nous voyons encore que
l'entrée à Tivoli coûtait 3 francs, soient 18 des
nôtres, et une glace chez Tortoni, 1 fr. 25, soient
7 fr. 50 d'à présent; qu'un excellent valet de chambre
revenait, tout compris, à 3000 francs par an (18 000);
que chez une grande modiste un chapeau de femme
en fleurs valait 200 francs (1 200), un autre, garni
de crêpe et de plumes, 320 (1 920), une coiffure de
soirée en tulle, dentelles et fleurs, 85 francs (510);
une redingote d'homme, en drap de Louviers bleu,
120 francs (720), un habit de drap tête de nègre, à
collet de velours, 110 francs (660). Rien de tout cela
n'était donc à meilleur marché en ce temps-là qu'à
présent. Le loyer d'un bel appartement de garçon
ne coûtait pas moins de 14 000 francs, soient 84 000
de nos francs-papier... Non, on ne vivait pas à meilleur compte qu'aujourd'hui, au temps de Nestor
Roqueplan.

Peu importe : il y faisait bon vivre, à en juger

par l'excellent ouvrage de M. Paul d'Ariste. Les
« *dandys* » eux-mêmes (et félicitons l'auteur
de garder l'orthographe incorrecte du temps et
de ne pas écrire dandies) avaient encore de la
bonhomie. Quoique beaucoup moins affables qu'au
XVIIIe siècle (voyez la stupéfaction du Voyageur
sentimental de Sterne en constatant l'amabilité, l'absence de morgue, la bonne grâce des gens qu'il rencontre partout, et jusque dans la rue), les Français
de 1840 étaient encore pleins de cordialité, et c'est
là une bien grande qualité. On citait alors les Anglais
pour leur froideur : hélas ! nous les avons tellement
dépassés que c'est tout juste si nous ne sommes
pas choqués aujourd'hui, lorsque l'un d'eux nous
adresse la parole en chemin de fer comme ils ne
manquent jamais de le faire... Et puis on y flânait,
sur le Boulevard. Ah ! que nous avons perdu d'agré-
ment dans la vie, en perdant la flânerie ! Bientôt, on
décrétera des « sens obligatoires » pour les piétons
eux-mêmes ; qui sait même si on ne les forcera pas
à marcher comme le Juif errant sans jamais sta-
tionner, sinon dans des parcs spéciaux ? Et non seulement on pouvait se promener sans être bousculé,
mais on pouvait voyager, aller au restaurant, au
théâtre sans avoir retenu sa place à l'avance ; je ne
sais si vous êtes comme moi, mais les plaisirs que je
suis forcé de prendre à heure et jour fixés me font
le plus souvent l'effet de devoirs... Sans doute les
modes féminines n'étaient pas si agréables qu'aujourd'hui : manches bouffantes ou crinolines, coques
ridicules de cheveux ou bandeaux plats, trop plats,
sans compter les châles, ni les « dessous » qui ne nous

*regardent pas, non, tout cela n'était pas bien joli ;
mais elles savaient s'arranger pour être charmantes,
vous pouvez en être sûr... En somme, je ne vois
qu'un changement dont nous puissions nous louer
tout à fait : c'est d'avoir supprimé les fiacres à chevaux. Qui a vu les derniers temps du martyre sécu-
laire des pauvres rosses parisiennes ne déplorera
certainement pas l'avènement des taxis automobiles.
Encore faut-il regretter les cochers et leurs pittoresques « engueulades » : c'est un lyrisme perdu.*

*De tout cela, que nous n'avons plus, M. Paul
d'Ariste nous fait une peinture bien séduisante. Et il
faut avoir essayé de retracer de pareils tableaux pour
savoir quelles immenses fouilles préalables dans les
bibliothèques ils nécessitent. Mais ne l'en plaignons
pas trop, car les longues heures passées à parcourir
les documents du passé sont souvent délicieuses ; et
quel plaisir, après cela, que de faire revivre en imagination un temps disparu ! D'ailleurs, à fréquenter
Nestor Roqueplan, on sent bien que M. Paul d'Ariste
ne s'est pas ennuyé un moment. Ce merveilleux
homme, qui contait tant, ne répétait jamais une
anecdote : ses histoires étaient toujours neuves et ses
mots toujours frais. C'est là une qualité si rare qu'il
convenait de la signaler et M. Paul d'Ariste n'y
manque pas. Faisons comme lui et signalons à notre
tour le vif plaisir qu'on goûte à lire son ouvrage,
qu'à force de recherches et de trouvailles, il est
arrivé à rendre aussi neuf et aussi amusant qu'une
anecdote de Roqueplan.*

Jacques Boulenger.

LE BOULEVARD

Le plus Parisien de tous les Parisiens de son temps, on était certain, entre 1830 et 1870, de le rencontrer chaque soir sur le boulevard, c'est-à-dire entre la rue Drouot et la chaussée d'Antin.

Ce Parisien-type, ce boulevardier impénitent n'était autre que Nestor Roqueplan. Il n'y eut guère de jour où il n'y fit son apparition. Admirablement habillé, il ne se contentait pas de suivre la mode, il l'imposait.

Le chapeau incliné sur l'oreille, il contait, adossé à la rampe de Tortoni, des anecdotes savoureuses et toujours nouvelles.

Le boulevard était son fief; il y vivait et ne comprenait pas qu'on pût se plaire ailleurs.

Mais qu'était donc alors ce fameux boulevard?

« Aujourd'hui, raconte Arthur Meyer, il est

surtout fréquenté par une foule sans élégance qui a toujours l'air d'attendre l'omnibus. »

Aux alentours de 1835 il n'en était pas de même.

Les étrangers n'avaient pas encore envahi Paris, et le boulevard était une promenade où se retrouvaient les gens de bonne compagnie.

Or, ce qu'on appelait alors « le Boulevard » ne s'étendait que de la chaussée d'Antin au passage de l'Opéra, peut-être jusqu'au faubourg Montmartre à cause des Variétés, mais il était de fort mauvais ton de se montrer plus loin.

Au delà du Café Anglais les dandys ne flânaient guère ; après les Variétés ils ne se montraient plus.

Et encore ne fréquentaient-ils que l'allée de gauche en venant de la Madeleine ; nous ne dirons pas le trottoir, il n'y en avait pas encore ; la chaussée était limitée par des bornes et un ruisseau.

Au delà des Variétés, comme l'a dit Alfred de Musset, « ce sont les grandes Indes ».

Peu de voitures sur la chaussée pavée. Berlines armoriées, landaux à la Daumont, tilburys emmènent les lionnes et les dandys « pour une excursion lointaine au Bois de Boulogne, d'où ils reviendront, tout couverts de poussière, raconter le succès d'un pari ». (Jacques Boulenger : *Les Dandys* et Bazin : *L'époque sans nom.*)

Les omnibus Madeleine-Bastille, de la compagnie des « Dames Blanches », passent, avec leur caisse blanche, vernissée, rehaussée de filets rouges et de baguettes de cuivre. Sur les panneaux sont peints d'élégants paysages. Le cocher est coiffé d'un chapeau blanc.

Des chaises de paille sont alignées entre les rues Taitbout et du Helder. Sur ces chaises, les « gandins » et les élégantes viennent, pour ainsi dire, « se donner le plaisir de regarder Paris à bout portant ». Cet endroit, très ombragé, s'est appelé « Coblentz » jusque vers 1830.

De nouvelles maisons s'élèvent en 1840 sur le boulevard des Italiens, elles excitent l'admiration des contemporains, nous dit Alphonse Karr.

« Les promeneurs s'arrêtent pour admirer les nouvelles maisons construites par M. Lemaire, à l'angle de la rue Laffitte et du boulevard. On a dit : « Ce sont des maisons d'or avec quelques ornements de pierre. »

« Les bronzes, les marbres, les dorures, rien n'a été épargné. La frise, sculptée en pierre par les frères Lechesne, représentant des animaux et des scènes de chasse, est presque aussi belle que ce que nous avons de plus beau de Jean Goujon. Il y a là sept maisons d'un style et d'un goût différents et toutes d'une magnificence ! ... C'est une œuvre de goût et d'art après laquelle on n'osera plus appeler de belles maisons ces énormes masses carrées, percées de plus ou moins de fenêtres. »

Il est certain que, sans partager tout à fait l'admiration de Karr pour les constructions du règne de Louis-Philippe... on peut les préférer aux casernes hideuses, de goût allemand, que nous devons à certains de nos architectes modernes.

Cette vogue des grands boulevards commença avec la décadence du Palais-Royal, c'est-à-dire vers 1830.

Louis-Philippe ordonna, dans une excellente intention, la fermeture des célèbres maisons de jeu du Palais-Royal, si remarquablement décrites par Balzac. Il fit démolir les galeries de bois où les prostituées se montraient à peu près nues, et fit construire la belle galerie vitrée appelée d'Orléans.

Or, de l'époque de cette transformation date précisément la fin des beaux jours du Palais-Royal et le commencement de ceux du boulevard.

A part Robert-Houdin, le célèbre prestidigitateur, qui ne quitta le Palais-Royal pour le boulevard des Italiens que sous le Second Empire, grands restaurants, bijoutiers et autres commerçants émigrèrent vers le boulevard de Gand, depuis des Italiens, tout de même qu'aujourd'hui, ils abandonnent peu à peu ce qui reste de ce boulevard pour s'installer aux Champs-Élysées.

Edmond Texier, constatant le fait dans son *Tableau de Paris*, en 1852, écrivait :

« Un arrêt exila, au nom de la morale publique, les vierges folles qui se glissaient le soir, resplendissantes de paillettes, sous les sonores arcades ; un vote parlementaire ferma les temples du hasard d'où s'échappaient à chaque instant, aux appels de la rouge et de la noire, de métalliques tintements et, à l'heure qu'il est, le Palais-Royal lutte de monotonie avec la place du Marais, et voit comme elle, unique délassement de ses loisirs, les enfants sauter à la corde ou poursuivre des parachutes.

« Les boulevards ont hérité de tant de splendeur et de gloire. Ils sont devenus, à leur tour, le rendez-vous de l'univers, le point de ralliement de tous les peuples : forum cosmopolite ouvert à toutes les langues, centre merveilleux où aboutissent les chemins des cinq parties du monde. »

Or, nous l'avons dit, ce qu'on appelait alors le boulevard ne s'étendait que de la rue Drouot à la chaussée d'Antin. Le boulevard des Capucines était triste et désert. Songez que ni l'Opéra actuel, ni la place du même nom n'existaient encore.

A leur emplacement, ou peu s'en faut, l'hôtel d'Osmont présentait ses terrasses ombragées, et plus loin, entre la rue Daunou actuelle et la rue des Capucines, s'étendaient les vastes jardins du ministère des Affaires étrangères.

En face, c'étaient les profondeurs de la rue Basse-du-Rempart. Quant au boulevard de la Madeleine, on y remarquait de belles demeures aux balcons ouvragés ; de riches sculptures encadraient les fenêtres.

Cependant, le commerce s'était déjà installé au rez-de-chaussée de ces luxueux immeubles, et on y admirait, en de somptueux étalages, des robes chatoyantes, onduleuses, aux mille couleurs.

Mais c'est sur le boulevard de Gand (ainsi nommé depuis l'exil de Louis XVIII en cette ville) que se concentraient toutes les élégances.

Voici les dandys qui arrivent du Bois, du tir aux pigeons ou de la salle d'armes de Lord Seymour (située au coin du boulevard et de la rue Taitbout, et dont il sera question plus loin).

C'est le crépuscule, les lumières s'allument. La plupart de ces jeunes élégants sont membres du « Jockey ».

Ils s'y rendent. Ils ont le cigare aux lèvres et le haut de forme enfoncé jusqu'aux yeux sur leurs cheveux bouclés. « Il est de fort bon goût de se cacher la figure sous des chapeaux à larges bords, un peu relevés des côtés, à haute forme, et que l'on enfonce sur les oreilles », lit-on dans *La Mode* (avril-juin 1835).

Ils sont suivis chacun d'un groom minuscule dénommé « tigre ».

De temps à autre passe un cavalier qui trotte à l'anglaise, les basques flottantes (l'anglomanie est plus que jamais à l'ordre du jour).

Certains de ces cavaliers sont accompagnés d'une « amazone intrépide », vêtue d'une longue jupe de soie et coiffée d'une casquette à gland. Elle est montée sur un superbe « coursier d'Albion ».

Les belles à la mode ont fait arrêter leur « landow » devant Tortoni, et, sans descendre de voiture, elles dégustent un sorbet qu'est allé quérir leur valet de pied, cependant que, magnifiques en leurs redingotes bleu de roi, aubergine, violine ou « fumée de tabac », le cou engoncé dans leurs hautes cravates, les dandys se campent, l'air avantageux sur le perron fameux.

Aux fenêtres du « Petit Cercle », situé non loin de là, de jeunes oisifs contemplent ce spectacle ; l'un d'eux y passe toutes ses après-midis. Il est vêtu d'une redingote bleue très ajustée qui laisse entrevoir le haut d'un gilet blanc ; il suce indéfiniment sa canne à pomme d'or. C'est le major Gronow, un Anglais original, devenu parisien d'adoption, et dont M. Roger Boutet de Monvel a esquissé un bien joli portrait dans son livre *Les Anglais à Paris* (1800-1830).

Le soir, les « splendeurs du gaz » se répandent à profusion sur le boulevard.

« Après le chemin de fer de Saint-Germain, écrit Mme de Girardin en 1837, ce qui enchante le plus les Parisiens, c'est le nouvel éclairage des boulevards. Le soir, cette promenade est admirable. Depuis l'église de la Madeleine jusqu'à la rue Montmartre, ces deux allées de candélabres d'où jaillit une clarté blanche et pure font un effet merveilleux. »

Le boulevard d'alors n'était en somme qu'un grand village ; il ressemblait plus à un mail de province qu'à la bruyante voie de passage qu'il est devenu, et qu'une foule nerveuse et pressée parcourt en se bousculant.

Les soirs de beau temps, il était d'usage, dans la bourgeoisie parisienne, d'aller faire un tour de boulevard, la femme au bras de son mari. On n'y rencontrait guère d'inconnus.

Il en fut ainsi jusqu'à l'avènement du Second Empire où l'encanaillement commença avec les expositions universelles et la diffusion des moyens de transport.

C'est l'époque où l'on y rencontre le Persan, personnage mystérieux, qui demeurait passage de l'Opéra et y vivait à l'orientale. On le voyait aussi, à toutes les premières, au Palais-Royal, au Cours-la-Reine, à Chantilly, et aux fêtes de la Liste Civile.

Qui était-il? Un pacha véridique, disaient les uns ; un vague marchand de tapis en difficulté avec la police de son pays, disaient les autres. Toujours est-il qu'il disparut soudainement en 1857.

Second Empire! Époque de folies et d'excentricités !

Offenbach triomphe aux Variétés, Gramont-Caderousse et Hortense Shneider mènent la grande vie dans les restaurants du boulevard, et un Italien, Carnevale, appelé Carnaval par la foule, se montre affublé de costumes plus abracadabrants les uns que les autres.

Il en possédait soixante dans les deux petites pièces qu'il occupait boulevard de la Madeleine.

Époque de folie! Comme on était loin déjà du tranquille boulevard de Gand de la Restauration !

*
* *

L'aspect du boulevard a beaucoup changé depuis cette époque.

Il y avait, dans ce temps-là, raconte Gustave Claudin, « beaucoup moins de Crédit Lyonnais et beaucoup plus de Bains Chinois ».

Les Bains Chinois étaient une grande construction genre pagode, ornée de clochetons. Ils étaient situés un peu avant le Crédit Lyonnais actuel, dont l'emplacement était occupé par un bazar dit : « Galerie de Fer ». Ils s'élevaient exactement au coin du boulevard des Italiens et de la rue de la Michodière.

C'était un établissement très fréquenté. Alexan-

Cliché Tallandier

LA MAISON SIMON AU PAVILLON DE HANOVRE
d'après Duran

dre Dumas y fait allusion dans *Monte-Cristo*, et Mme de Girardin écrit, en 1837 : « Nous sommes allés regarder aux Bains Chinois, sur le boulevard des Italiens, ces mousselines roses et lilas qui sentent le printemps, comme on va respirer le doux parfum des violettes dans les bois. »

Le marquis de Saint-Cricq, qui poussait les excentricités au point qu'on dut l'enfermer dans un asile d'aliénés où il mourut, et qui habitait rue de la Chaussée-d'Antin, n'avait que le boulevard à traverser pour aller aux Bains Chinois où il arrivait à sept heures chaque matin ; il apportait avec lui non pas ses affaires de toilette, mais une serviette bourrée de dossiers.

Un jour, il envoya le garçon des Bains, nommé Mangin, lui chercher vingt-cinq rognons crus. Mangin mit trois quarts d'heure pour trouver ce que lui demandait son singulier client. Quand il revint, porteur des rognons, Saint-Cricq lui demanda des ciseaux et il se mit à découper les rognons, les jeta dans son bain et commença un récit de la bataille de Waterloo, les rognons figurant les régiments, avec une telle fougue que, bientôt, Mangin fut complètement inondé et ne fut délivré que par le coup de sonnette d'un autre client.

*
* *

Or, c'est précisément vers la fin du règne de Louis-Philippe qu'il faut placer la période de flânerie et de noctambulisme de Nestor Roqueplan.

Villemessant raconte qu'il était impossible de passer sur le boulevard des Italiens entre onze heures et demie du soir et une heure du matin, sans le rencontrer, entre les rues Taitbout et Drouot, au milieu de ce qu'il appelait son État-major c'est-à-dire de Cabarrus, « l'homme doux et charmant par excellence, le médecin des chanteurs qui recevait en riant toutes les plaisanteries pourvu qu'elles fussent lancées avec esprit », d'Édouard Lemoine de *L'Indépendance Belge*, d'Auguste Villemot, d'Aubryet, « qui ne décolérait jamais et à qui il n'a manqué que de faire de petits articles et d'écrire court pour être le premier des journalistes », de Gustave Claudin et de bien d'autres.

Henri Murger, l'auteur de la *Vie de Bohème*, fait également partie de « l'État-major » de Roqueplan.

Le rendez-vous général est au Café Riche, choisi en raison de sa fermeture tardive ; mais, quand l'heure de se retirer est venue, Roqueplan et ses amis, qui n'ont nullement sommeil, continuent à déambuler sur le boulevard.

A leur groupe viennent se joindre Aurélien Scholl, Lambert-Thiboust, le plus endurci des noctambules, Alphonse Royer et Langeac, surnommé : « La pluie qui marche ».

Claudin habite rue Le Peletier et Roqueplan rue Taitbout.

Ils ne se décident jamais à se séparer ; ils prennent une voiture pour se reconduire l'un l'autre, et le cocher a reçu l'ordre de faire la navette sans cesser entre la rue Taitbout et la rue Le Peletier.

Gustave Claudin, un Parisien entre tous les Parisiens, bien que né à Rouen, avait inventé, nous dit Villemessant, le moyen d'être toujours en toilette, propre et net dès le matin, sans avoir jamais besoin de rentrer chez lui.

Il lui avait suffi de déposer trois paires de bottines dans trois boutiques de décrotteurs des passages, un chapeau chez son chapelier, etc.

Dès qu'une mouche de boue piquait le verni de sa chaussure, il n'avait qu'un pas à faire pour changer de bottines.

Un coup de vent, une goutte de pluie ternissaient-ils le brillant de la soie de son chapeau ? Il entrait chez son chapelier et prenait le chapeau mis en pension pendant qu'on donnait un coup de fer réparateur à celui qu'il déposait pour le reprendre le lendemain. Ce fut lui qui consomma le plus de gants blancs et acheta le plus de fleurs aux bouquetières.

Or, plus tard, cet homme qui fut si élégant habitait 27 rue Le Peletier dans un triste hôtel garni où M. Maurice Talmeyr raconte qu'il l'alla voir un jour. dans une chambre tout en haut, meublée misérablement. et l'ancien élégant n'était nullement flatté quand un visiteur importun venait le surprendre dans cet intérieur plus que modeste.

C'est au cours de ces promenades nocturnes sur le boulevard avec Claudin et ses autres amis que Roqueplan dépense le plus d'esprit, et, chose curieuse, sans jamais se répéter.

Non seulement il ne comprend pas qu'on puisse

vivre ailleurs qu'à Paris, mais il n'admet pas qu'on habite un quartier lointain. Pour lui, Paris c'est le boulevard et ses alentours, témoin l'anecdote suivante que nous puisons dans Villemessant :

Un soir, Théodore Sylvestre rencontre Roqueplan. Sylvestre parle avec la verve qu'on lui connaît d'un journal qu'il veut faire et dont l'utilité paraît incontestable. — « Oui, il y a une idée, fit Roqueplan, séduit par l'éloquence de Sylvestre : faites bien vite ce journal-là. — Faites-le est bien facile à dire, répliqua Sylvestre, mais il faut au moins cinquante mille francs pour réaliser mon projet. — Vous les trouverez ou plutôt je vous les trouverai dans les vingt-quatre heures, fit Roqueplan avec l'accent de la conviction qu'il ressentait effectivement. Donnez-moi votre adresse. — Je demeure rue de la Vierge-au-Gros-Caillou, près de l'École Militaire, dit Sylvestre, en cherchant sa carte. — Près de l'École Militaire! fit subitement Roqueplan en changeant de ton, je ne chercherai pas un sou pour vous! Auriez-vous la plus belle idée du monde. Jamais un commanditaire n'aura confiance en la jeunesse, la vitalité de journaliste d'un homme qui demeure à l'École Militaire! Bonsoir! » Et il rentra se coucher.

A cette époque où une promenade au Bois de Boulogne était considérée comme une chose extravagante, nul doute que le quartier de l'École Militaire n'eût produit l'effet du Sahara auprès de ces boulevardiers dont la vie de chaque jour se passait dans un coin de Paris bien restreint.

« Le boulevard n'est pas précisément une pro-

menade, dit Bazin, puisqu'on y est affranchi de la
consigne : ce n'est pas tout à fait une rue, puisqu'on y est rarement éclaboussé, et que deux piétons peuvent y marcher de front sans se bousculer. »

Heureux temps où l'on pouvait se promener sur
le boulevard sans se faire bousculer !

Essayez donc de le parcourir tranquillement en
rêvant à cette lointaine époque devant les rares
maisons d'alors qui subsistent aujourd'hui !

*
* *

Roqueplan et Claudin fréquentaient la Librairie
Nouvelle, fondée par Jacoton et Boudillat, boulevard des Italiens, en 1849, et qui était le rendez-
vous de toutes les célébrités littéraires.

Elle avait lancé les romans de Balzac à 1 fr. 50
et ce fut le début de sa fortune.

Elle fut ensuite dirigée par Achille, un jeune
homme qui fit son chemin depuis, et alla s'établir
à son compte rue Laffitte.

Dans ce temps-là, la Librairie Nouvelle ne fer-
mait pas avant dix heures du soir, mais c'est
de cinq à sept qu'on y rencontrait Nestor Roqueplan, Balzac, Albéric Second, Lambert-Thiboust,
Barrière, Barbey d'Aurevilly, Arsène Houssaye,
Murger, Emile de Girardin, Hector Crémieux, Ludovic Halévy, les Goncourt, Edmond About, Paul
de Saint-Victor, Meilhac et quelques clubmen tels
que Gramont-Caderousse, Galliffet, le général
Fleury et Paul Daru.

Sur le boulevard s'ouvraient les passages. Or,

ils étaient alors tout nouveaux, et il était de mode de s'y promener.

Au boulevard Montmartre, c'était le passage des Panoramas, ainsi nommé en souvenir des deux panoramas qui s'élevaient de chaque côté de son entrée et qui disparurent en 1831.

Il était fréquenté, à l'heure de la Bourse, par les « courtiers marrons ». C'est là que se trouvaient les somptueux magasins de bonbons : « A la Duchesse de Courlande », et ceux « Aux Armes de Werther », le chocolatier Marquis, le papetier en renom, Susse, et surtout le pâtissier Félix : « chez qui les Anglais paient un petit goûter plus cher qu'un bon souper dans n'importe quel restaurant. »

La galerie Vivienne et le passage Jouffroy datent de la même époque.

Mais de tous, le passage de l'Opéra, avec ses deux galeries, dites de l'Horloge et du Baromètre, est le plus achalandé.

L'achèvement du boulevard Haussmann l'a fait disparaître ces dernières années.

L'ouverture de l'Opéra de la rue Le Peletier, en 1821, lui donna la vogue, et, en 1825, la duchesse de Berry vient, en personne, inaugurer un « Europama » dans la galerie du Baromètre.

Le célèbre maître d'armes Gâtechair (un nom prédestiné) ouvre une salle dans le passage de l'Opéra ; les maîtres Vigeant et Caïn lui succèdent ensuite. Le soir de l'attentat d'Orsini, Gâtechair et ses élèves sortirent dans le passage au bruit des détonations.

Parfois, les élèves de Gâtechair venaient faire un tour aux représentations de l'Opéra, mais un soir l'un d'eux se vit refuser l'entrée au contrôle, car il avait oublié de quitter ses sandales d'escrime.

Le journal *Le Nain Jaune,* feuille satirique, était installé passage de l'Opéra, dans la salle Beethoven où des concerts d'amateurs s'étaient donnés auparavant.

Les terrains du passage appartenaient au vicomte Terray de Morel Vindé (et sans doute aussi la cité Vindé qui porte toujours ce nom, boulevard de la Madeleine).

L'ancienne bande des « habits noirs », véritable franc-maçonnerie de voleurs, se réunissait aussi passage de l'Opéra.

On voit que tous les mondes s'y rencontraient, mais n'en fut-il pas toujours ainsi à Paris ?

Les grisettes de la Restauration dansaient au bal d'Idalie, installé dans le sous-sol. Plus tard, un café, appelé « Divan de l'Opéra », s'établit dans le passage.

On y remarquait aussi le magasin de papeterie de Mme Bunot, le bottier Goudal « qui a l'honneur de chausser plusieurs têtes couronnées » (*sic*), le coiffeur Fichot, qu'on appelait le « père Fichot » et qui frisa Nourrit et Levasseur. Il se souvenait d'avoir vu la duchesse de Berry entrer au bal de l'Opéra. Son successeur, Gobert, coiffait « d'après les principes classiques du professeur Croizat ». Gustave Claudin était son client.

On remarquait aussi, passage de l'Opéra, l'armurier Caron, les éditions de musique Marguerie, le pâtissier Rollet et enfin la parfumerie de l'Opéra qui se trouvait, détail amusant, à côté d'un établissement de... commodité, ce qui fit dire à Noriac que le parfumeur était situé entre le prologue (le pâtissier) et le... dénouement.

On voyait ensuite deux fleuristes, Biron, successeur de Michon, et Pontine (Ulysse) connu seulement sous son prénom et où les bouquets coûtaient vingt francs.

Ajoutons enfin Lemonnier « artiste en cheveux », c'est-à-dire fabricant de coins de mouchoirs, reliquaires ou articles funéraires en cheveux.

Parmi les habitués qui se promenaient souvent dans les galeries de l'Horloge et du Baromètre, on remarquait Nestor Roqueplan, le docteur Véron, Auber, Scribe, M. Aguado, Mlle Falcon, de l'Opéra, Roger de Beauvoir, Alfred de Musset, qui vient d'acheter son cigare à la jolie marchande du boulevard dont la boutique est contiguë à celle du glacier Tortoni, le major Frazer, qui a introduit la mode du chapeau sur l'oreille, Paul Daru, le comte Fernand de Montguyon, Guy de la Tour du Pin, le comte Germain, le plus jeune pair de France, et que toutes les filles de Paris appellent : « mon cousin germain », Arthur Bertrand, fils du général qui avait ramené les cendres de Napoléon avec le prince de Joinville.

*
* *

Nous avons déjà dit à quel point le boulevard du

Cliche Tallandier

LES BAINS CHINOIS
d'après une gravure du temps

Second Empire différait de celui de la Restauration et de Louis-Philippe.

Cependant la plupart des « lions » continuent à habiter dans le voisinage.

Le fameux prince de Sagan, qui, si longtemps, donna le ton de la mode, demeurait rue Caumartin, il y couchait... du moins quand il n'avait pas ses pantoufles ailleurs, conte plaisamment Gaston Jollivet.

Voici Gramont-Caderousse qui descend de phaéton devant le Jockey-Club (au coin de la rue de Gramont), il entre au cercle, mais en ressort bien vite ; le concierge vient de lui dire que M¹¹ᵉ Hortense Schneider l'attend chez elle. Il fouette ses chevaux et repart. Il n'a pas loin à aller : M¹¹ᵉ Schneider demeure rue Lafayette, au coin de la rue Laffitte.

Nous ne parlerons guère des boulevards au delà des Variétés, parages lointains où, semble-t-il, nul Parisien ne s'aventura jamais, sinon le soir pour se rendre à l'un des nombreux théâtres qui s'alignaient sur le boulevard du Temple, surnommé « Boulevard du Crime », en raison des mélodrames qui s'y jouaient.

Beaucoup d'artistes dramatiques ont élu domicile dans ces quartiers. Littérateurs et artistes s'y retrouvent volontiers, et le promeneur qui, vers 1855, aurait parcouru de deux heures à cinq heures du soir l'asphalte entre le Gymnase et le Théâtre Lyrique eût été sûr de croiser le vieux Bérenger, son jonc traditionnel à la main, souriant, vêtu d'une ample redingote, et coiffé d'un feutre à

larges bords ; puis d'Ennery, l'auteur dramatique ;
l'acteur Dumanoir, qui sort du Gymnase ; Auguste
Maquet, le collaborateur d'Alexandre Dumas ; les
frères Lionnet, chanteurs célèbres ; Paulin-Ménier,
Bocage ; mais voici que passe, en calèche décou-
verte, l'illustre Frédérick-Lemaître, le plus célèbre
de tous les acteurs de drame ; voilà enfin les frères
Cognard, les heureux directeurs des Variétés ;
puis Mélingue, autre artiste de drame qui, tout à
coup, s'arrête et, d'un geste large de son feutre
tyrolien, salue une jeune femme mince qui traverse
la chaussée, tenant en laisse un superbe chien
de chasse.

Cette jeune femme est Anaïs Ségalas ; ses
poésies sont déjà connues. Plus tard, on la ran-
gera parmi les muses ; pour le moment, elle
s'apprête à regagner l'hôtel particulier de ses
parents, rue d'Uzès.

Peut-être a-t-elle monté à cheval le matin, car
cette muse, élève de Baucher, fut une très brillante
amazone.

Parmi tous ces boulevardiers de la Restauration
que nous avons déjà évoqués, parmi tous ces
dandys, un nom revient souvent sous notre plume,
celui de Nestor Roqueplan « le plus Parisien de
tous les Parisiens de son temps », avons-nous dit.

Mais qui est-il donc et quelles sont ses origines ?

Il fut, ainsi que nous le verrons plus loin, un
des fondateurs du *Figaro* en 1826, il en fut le
rédacteur en chef, mais c'est à sa réputation de
dandy qu'il semble tenir le plus, et tous les jeunes
élégants qui l'observent et l'admirent essayent de

copier ses manières et ses attitudes, tout de même
que ses habits.

Pour Nestor Roqueplan, on n'est pas parisien
de naissance, on l'est de nature. C'est son cas
d'ailleurs, car ce Parisien, comme beaucoup de ses
semblables, est né en province.

C'est dans une petite ville de l'Aude, à Montréal,
qu'il vit le jour le 27 Fructidor An XIII (14 septembre
1805).

Son père, François-Hilarion Roqueplan, était
instituteur, ceci du moins ressort des actes officiels
et le rédacteur du *Constitutionnel*, qui, lors de la
mort de Nestor Roqueplan, en 1870, nous dit que
son père occupait une place dans les droits réunis,
à Bagnols, commet sans doute une erreur.

Sa mère était née Dousseau.

Au sortir du collège, Nestor Roqueplan se fait
inscrire à l'École de droit et vers la même époque
il entre comme clerc à l'étude de maître Jansse,
avoué, 48, rue de l'Arbre-Sec, dans l'ancien hôtel
de Saint-Roman, tout près du quai de l'École,
aujourd'hui quai du Louvre.

Or juste en face de l'étude où le jeune Nestor
minute des exploits, se trouve le café Manoury,
voisin de l'établissement connu sous le nom de
« Mère Moreau ».

Roqueplan a coutume de se rendre au café
Manoury après son travail. Il y rencontre son
ancien condisciple de Charlemagne, Victor Bohain,
qui vient — 1826 — de créer le *Figaro* avec Maurice
Alhoy.

Bohain sut persuader à Roqueplan que cette

nouvelle feuille et lui étaient admirablement faits l'un pour l'autre.

Il est probable que les succès déjà obtenus dans les salons de peinture par son frère Camille faisaient rêver le jeune clerc d'avoué à une existence plus brillante que celle qui l'attendait à son étude. Toujours est-il qu'il écoute son ami et devient journaliste, profession à laquelle il devait faire le plus grand honneur, ainsi que nous le verrons plus loin, dans le chapitre consacré à la presse.

Mais Nestor Roqueplan ne se contentait pas d'arpenter l'asphalte du boulevard ; il fut aussi un habitué des restaurants fameux, devenus légendaires aujourd'hui, et qui avaient nom Tortoni, le Café de Paris, la Maison d'Or, le Café Riche et le Café Anglais.

Nous allons le retrouver dans ces lieux célèbres.

CAFÉS ET RESTAURANTS CÉLÈBRES

Nestor Roqueplan venait tous les jours sur le boulevard, non seulement pour causer avec les nombreux amis qu'il y rencontrait, mais encore pour y prendre ses repas.

En effet, bien qu'il habitât une garçonnière confortable et qu'il eût sous ses ordres un valet stylé, il a, toute sa vie, déjeuné, dîné et soupé au restaurant, et, bien entendu dans les maisons de premier ordre dont les façades s'alignaient sur le boulevard des Italiens.

C'est que personne ne lui en aurait remontré en matière de cuisine ! Le futur directeur de l'Opéra était, en effet, fort gastronome.

De nos jours où la gastronomie revient à la mode, il est intéressant de constater que, sous Louis-Philippe, tout dandy accompli devait se montrer fidèle disciple de Brillat-Savarin.

Nestor Roqueplan, Véron, Roger de Beauvoir, Courchamps, Horace de Viel-Castel étaient très connaisseurs et nul se savait mieux élaborer le menu d'un souper.

Voyez plutôt ce que Roqueplan écrit en 1866 dans le *Constitutionnel* (feuilleton théâtral du 5 février), à propos du bal des cuisiniers, à l'invitation desquels il s'est empressé de se rendre.

« Quand les cuisiniers s'amusent, ils en ont bien le droit ; quand leur amusement consiste à danser, on doit les en féliciter, et je me félicite moi-même d'être allé au grand bal qu'ils avaient organisé il y a quinze jours à la salle Valentino (située 257, rue Saint-Honoré à l'emplacement occupé jusqu'à ces derniers temps par le Nouveau Cirque).

« C'était une belle fête, un beau local, richement éclairé, un excellent orchestre conduit par Marx, de jolis visages et d'élégantes toilettes...

« ...Voir un bal c'est contribuer par une faible offrande à la bonne œuvre qu'avait pour but l'organisation de ce bal ; ce n'étaient pas mes seuls motifs pour me mêler à cette assemblée nombreuse et gaie sans confusion. La cuisine n'est pas un métier, c'est un art, et c'est toujours une bonne fortune que la conversation d'un cuisinier : mieux vaut causer avec un cuisinier qu'avec un pharmacien.

« S'il n'y avait que de bons cuisiniers, les pharmaciens auraient peu de chose à faire, les médecins disparaîtraient, on ne garderait que les chirurgiens pour les fractures...

« ...Les seuls cuisiniers du monde civilisé sont des cuisiniers français. Les autres peuples entendent diversement la nourriture, les Français entendent seuls la cuisine.

« La timbale de Mme Bontoux fait plus d'honneur à la France que le poème de la *Henriade*.

« Qui mieux que Bignon, du Café Riche, disserte sur le classement des vins, sur l'avenir des récoltes? Si vous voulez bien savoir ce qu'est une truffe, Verdier vous fera, sur ce tubercule, le cours le plus intéressant. »

Suit une longue dissertation sur la truffe.

Roqueplan a des principes très arrêtés en matière de cuisine. « Lorsque vous avez à vous plaindre d'un garçon, dit-il, adressez-vous à lui seul. Sous aucun prétexte n'appelez le patron. Pour vous complaire, celui-ci brutalisera ses domestiques qui prendront un air sournois, vous feront, s'il le faut, d'humbles excuses, mais à l'avenir, devant que de vous apporter votre plat favori ne manqueront pas de l'assaisonner d'un crachat. »

Si Roqueplan a ses principes, il a de plus ses manies : il lui faut un petit pain spécial, étroit et allongé, qu'il baptise lui-même « pain Joko ».

Il n'en accepterait pas d'autre, car, déclare-t-il avec force, « les boulangers ont coutume d'appuyer en tas, au coin des murs, les pains de plus grandes dimensions et tous les dogues du voisinage accourent aussitôt pour y déposer leurs excréments ».

Quand il a raison de se plaindre, l'ancien directeur du *Figaro* le fait d'une façon qui ne manque pas d'originalité. « Un jour, lisons-nous dans le *Figaro*, Roqueplan entre dans un restaurant, consulte la carte, et demande une soupe aux pois. Le garçon apporte le potage au milieu duquel s'épanouit un énorme mais unique pois. Roqueplan, sans dire un mot, se lève et se met en devoir d'ôter son habit. — « Mais monsieur, lui fait observer le garçon, on ne dîne pas en manches de chemise. — Pardon, je vais me ..... flanquer à la nage pour repêcher mon pois. »

Un autre jour, au restaurant, il allume tranquillement son cigare. — « Pardon monsieur, intervient le garçon, on ne fume pas ici. — Vous voyez bien que si, puisque j'y fume. — Mais monsieur, il est défendu d'y fumer. — En ce cas, c'est autre chose ! » Et il éteignit simplement son cigare.

Nous n'en finirions plus s'il nous fallait relater toutes les anecdotes dont Nestor fut le héros au restaurant, mais citons encore celle-ci que nous empruntons à Villemessant :

« Un jour que nous déjeunions ensemble chez un restaurateur dont la cave jouit d'une certaine renommée, il voulut parier avec moi que les garçons et le sommelier lui-même ne savaient pas seulement le nom des vins qu'ils servaient, et que, s'il voulait inventer un cru fantastique, on lui en apporterait immédiatement une bouteille.

« Je tins le pari.

« — Improvisez vous-même un nom de vin, c'est moi qui le demanderai. — Demandez du Grand Morin, répondis-je en riant.

« — Garçon, fit-il imperturbablement, apportez-moi une bouteille de Grand Morin?

« Puis il feignit de continuer avec moi une conversation très animée. »

Le garçon, après avoir hésité un instant, s'approcha d'un autre plus âgé, et lui dit quelques mots à l'oreille ; au bout de quelques temps, comme il revenait près de la table où étaient Villemessant et Roqueplan : « Sapristi, fit celui-ci avec impatience, voilà dix minutes que j'ai demandé du vin et on ne me l'apporte pas ! Nous mourons de soif ! — Quel vin monsieur désire-t-il? — Du Grand Morin parbleu ! Mais qu'on ne s'amuse pas à secouer la bouteille comme hier ! »

Au bout de quelques instants, le garçon revenait, portant avec respect une bouteille qui disparaissait sous une vénérable couche de poussière. Il la déboucha religieusement, et versa le vin avec mille précautions.

Le maître de la maison vint à ce moment saluer ses clients.

« Comment appelez-vous ce vin-là? lui demanda Roqueplan. — Du grand Morin 46, Monsieur Roqueplan, fit le restaurateur avec effronterie. — Vous le jureriez ? — Oh certainement ! — Mais parieriez-vous ?» ajouta Roqueplan en regardant Villemessant. Puis il raconta l'histoire au restaurateur qui déclara la plaisanterie d'autant meilleure qu'il y trouvait son compte.

Certes, au temps de Louis-Philippe, on soupait beaucoup plus que de nos jours, et cela se comprend, car les théâtres commençaient à sept heures ou sept heures et demie pour se terminer vers onze heures, de sorte que les spectateurs, forcés de dîner très tôt, éprouvaient le besoin de se réconforter en sortant du théâtre.

Cependant dès 1842, Roqueplan se plaint de ce qu'on ne « sait » plus souper (*Nouvelles à la main* du 20 janvier). Écoutez-le plutôt : « Quand nous disons qu'on soupe de nouveau, nous ne prétendons point dire qu'on ressuscite les élégants et spirituels soupers du dernier siècle.

« Souper, maintenant, veut dire manger goulû-ment d'affreux poulets desséchés et boire d'un non moins affreux vin de Champagne en société d'êtres très peu amusants, mais en revanche très criards et très enroués.

« A la fin de chaque bal public, il se fait ainsi un très grand nombre de soupers dans certains établissements qu'on nomme restaurants et qui ne restaurent que leur caisse dans leur commerce nocturne de comestibles avariés et de boissons frelatées. »

Il est cependant probable que les soupers de cette époque devaient être meilleurs que ces repas tout faits apportés par les maisons de confection culinaire, si l'on peut ainsi parler et que Roqueplan n'épargna pas lorsqu'elles se créèrent. Quand les grandes cheminées d'autrefois, où l'on voyait rôtir des poulets au milieu d'un beau feu flambant, furent remplacées par les fourneaux économiques, Roqueplan accabla de quolibets la nouvelle invention. Il comparait ces fourneaux à des tiroirs de commode.

Puriste en matière de langage, tout de même qu'en matière de vêtements et de cuisine, il ne pouvait souffrir qu'on employât devant lui l'argot de restaurant.

« Doit-on dire une « côte nature », des « pommes », une bouteille de « Beaune première » ? Ces abréviations sentent l'office.

« Demandez plutôt des « pommes de terre », une « côte de mouton au naturel » et une « bouteille de vin de Beaune de première qualité ».

TORTONI

De tous les restaurants célèbres du boulevard de jadis, le glacier Tortoni était certes le plus ancien.

Situé à l'angle de la rue Taitbout, ce café fut fondé dès 1798 par le glacier napolitain Velloni.

Ce Velloni avait été le concessionnaire de l'Élysée lorsque ce palais fut transformé, après la Révolution, en établissement public sous le nom de « Hameau de Chantilly ».

Mais la mode n'était pas au boulevard à cette époque, c'était encore le beau temps du Palais-Royal, et Velloni, venu trop tôt, ne réussit pas ; alors son premier commis, Tortoni, reprit la maison, lui donna son nom, et parvint à la rendre célèbre dans le monde entier.

Dès 1809, dans les *Oisifs* de Picard, un petit-maître formule ainsi son programme pour le début de la journée : « Je vais m'habiller ; une tasse de chocolat chez Tortoni, deux heures de soleil sur une chaise à « Coblentz ».

La boutique est simple d'apparence, aucun luxe tapageur, mais, sur son perron, illustre entre tous, les dandys stationnent en prenant des poses étudiées pour lorgner les belles coquettes.

Devant le trottoir sont campées des chaises de paille.....

« Mais c'est là que viennent s'asseoir les hommes les plus spirituels et les femmes les plus jolies, les gandins, les fashionables, les « lions » ; on y admire successivement des tuniques molles et des mousselines flottantes, des mantelets, des shalls, des cachemires, des spencers étonnants et d'impérieuses crinolines. La berline armoriée stationne au ras du trottoir, côte à côte avec le tilbury du dandy.

« On échange des bons mots, on conte une anecdote piquante en savourant une glace ou quelque délicieux sorbet. »

M. de Ballanche, vêtu de noir et cravaté de blanc, vient y prendre son thé avec des rôties au fromage de Brie avant d'aller, en omnibus, à l'Abbaye-au-Bois, passer la journée avec Mme Récamier et Chateaubriand.

C'est chez Tortoni que se fit entendre cet imprudent chansonnier qui eut le malheur de demander une orange en recommandant qu'elle fût épluchée car il n'aimait pas « l'écorce » (les Corses) et qui expia ce méchant calembour par quelques mois de prison.

Sous la Restauration, ce fut le tour des alliés de venir prendre leurs glaces chez Tortoni.

« La Maison Dorée, le Café de Paris, le Café Riche combattirent sans le vaincre leur vieux prédécesseur et brillèrent, sans l'éclipser, sur le même bitume et dans la même latitude », dit Texier.

L'été, cependant, l'atmosphère de Tortoni devait être moins agréable, si nous en croyons Mme de Girardin.

« Le reste de la soirée, on le passe à Tortoni, on y va prendre des glaces sans sucre et respirer un air tout rempli de tabac, et l'on rentre chez soi, et l'on respire en songeant à ses amis qui sont à la campagne et qui s'y ennuient. »

Plus tard, lorsque la « Petite Bourse » se tient sur le boulevard, boursiers, agents de change et « courtiers marrons » se retrouvent chez Tortoni pour déjeuner à la fourchette, et le propriétaire propose ses viandes à la gelée, ses papillotes du levant et ses escalopes de saumon.

Mais c'est surtout le soir que les salons du glacier célèbre sont le plus animés. Les dandys, Barbey d'Aurevilly en tête, plastronnent sur le perron... L'élégante fait ranger sa calèche le long du trottoir, mais elle ne descend pas. Elle envoie son chasseur empanaché lui chercher un sorbet qu'elle déguste dans sa voiture.

Sorbets et punchs couvrent les tables, et l'affluence est telle à cette heure dans les salons bleu et

or, et si élégante, que ce ne sont que redingotes
de chez Human, fracs anglais couleur bronze, thé
noir ou vert thé, hauts de forme à larges ailes, gants
paille et badines à pomme d'or.

« Toute la jeune génération de 1830 qui définitivement s'émancipait à qui mieux mieux », écrit *La
Mode* (1835-36-37).

Plus tard, le 22 mai 1856, le *Figaro* se plaint déjà
du renchérissement de toute chose !

Dans sa *Chronique Parisienne* le spirituel journaliste Auguste Villemot annonce que Tortoni a
augmenté le prix de ses glaces : « On a constaté le
renchérissement de toutes les choses nécessaires
à la vie, mais voici que le superflu s'en mêle.

« La glace classique d'un franc coûte maintenant
un franc vingt-cinq chez Tortoni. Un des garçons
de M. Tortoni m'a annoncé que, par suite d'un
impôt nouveau, le prix de revient de la matière
première avait triplé pour le glacier.

« Quelle imprudence aussi d'exploiter un pareil
commerce sur le boulevard des Italiens, au lieu
d'aller s'établir au Pôle Nord ou sur les glaciers
des Alpes. Au fond, je ne suis pas tout à fait la
dupe de M. Tortoni. Je veux croire que le gouvernement a eu la très bonne idée d'imposer un objet
de luxe, mais je suppose aussi que M. Tortoni
prend de là prétexte pour augmenter ses recettes
de vingt pour cent.

« Du reste, M. Tortoni serait bon de se gêner .

« Les gens riches ont le moyen de se payer leur
vanille et les indigents se désintéressent de la
question. »

Nestor Roqueplan, dandy fameux, ne pouvait se dispenser d'être un habitué de Tortoni.

« Je retrouvais Nestor Roqueplan quand je voulais, à Tortoni, presque tous les soirs, de minuit à une heure du matin », raconte Gaston Jollivet dans ses amusants souvenirs, et il ajoute : « Les garçons, pressés d'aller se coucher, débarrassaient les tables trop vite à mon gré, car Nestor Roqueplan était un très agréable causeur. »

La réputation de Tortoni était si bien établie que cette maison réussit à se maintenir jusqu'en 1894, mais à ce moment, la vogue des maisons de thé vint porter le coup de grâce aux derniers glaciers, et de même que ses confrères de la rue Royale, Imoda et Rouzé, Tortoni dut fermer ses portes.

Le fameux perron, qu'on avait modifié une première fois vers 1842, existe toujours, mais, au lieu d'être à l'extérieur, il est maintenant à l'intérieur de la boutique, occupée aujourd'hui par un magasin de chaussures.

Il est regrettable que le commerçant qui occupe la boutique n'ait pas cru devoir prendre comme enseigne : «A Tortoni » pour perpétuer le souvenir du célèbre glacier.

De Tortoni, Roqueplan n'avait que la rue Taitbout à traverser pour entrer au Café de Paris, situé juste en face, et dont il était, à coup sûr, un fervent habitué.

LE CAFÉ DE PARIS

Le Café de Paris ! Avec quels regrets avons-nous vu tomber, ces dernières années, les murs de l'ancien hôtel dont il occupait le rez-de-chaussée !

Depuis longtemps certes, exactement depuis le 12 octobre 1856, date de sa fermeture, les hautes fenêtres cintrées avaient disparu pour faire place à de luxueux magasins, mais jusqu'au jour où des spéculateurs conçurent le projet de la rue des Italiens, les vieux murs étaient restés à peu près intacts.

Construit par l'architecte Bellanger, cet hôtel, dont l'appartement le plus riche était destiné au comte de Lauragais, appartint successivement à Mme de Villoutreys, née Vanderberghe, puis à M. Habert, ensuite à M. Lefeuvre, enfin à la marquise d'Herford, mère de Lord Seymour, qui le laissa à l'assistance publique.

En 1816, le rez-de-chaussée de cet immeuble célèbre était occupé par le Russe Demidoff, propriétaire de mines de charbon, de cuivre et de malachite, et dont le fils, Anatole Demidoff, devait épouser la princesse Mathilde.

C'est dans cet appartement que le Café de Paris s'ouvrit, le 15 juillet 1822, quand Demidoff eut quitté Paris pour Florence. Un perron de quelques marches descendait sur le boulevard.

Un autre Russe, connu pour son originalité, le prince Tufiakine, habitait le premier étage. La

Cliché Tallandier

LE CAFÉ DE PARIS
d'après A. Provost

Pl. — IV.

maison fut surélevée depuis. Le numéro trois de la rue Taitbout appartenait aussi à la famille Seymour. Lord Seymour en fit communiquer la cour avec celle du numéro un, et y fit bâtir des écuries pour trente chevaux, des remises, des greniers à fourrage, des chambres de piqueurs et de valets.

Plus tard, Kahlil-Bey habita lui aussi la maison et il y organisa des parties de bézigue chinois.

Une des particularités de ce restaurant c'était que, pour y dîner, il fallait, en quelque sorte, être connu.

Quels quolibets n'attendaient pas le provincial de la Restauration qui eût osé se risquer en pareil lieu !

« Qui n'a pas vu le Café de Paris vers 1837 ou 1840 n'a rien vu », dit Roger de Beauvoir.

C'était un terrain neutre où les opinions les plus contradictoires se rencontraient à cette table où venaient s'asseoir Roqueplan, Véron, Émile de Girardin, Mazères et Malitourne.

« C'est le temple même de l'élégance et qui est admis en ce lieu obtient son brevet de parisien et de boulevardier. Il y rencontrera Rastignac, Desgenais ou Maxime de Trailles. Mais n'y entre pas qui veut et le bourgeois ferait scandale qui veut ici dîner sans être connu [1]. »

S'il faut, ainsi qu'on disait sous la Restauration « être riche pour dîner au Café Hardy, et hardi

____

1. Notice citée sur l'exposition de la Bibliothèque de la Ville de Paris, p. 24.

pour dîner au Café Riche », ces deux qualités ne suffisent pas à préserver le nouveau venu qui oserait entrer au Café de Paris, du regard hostile des convives attablés à la lumière des bougies et des lampes à huile [1].

« Le Café de Paris est à peu de chose près le seul endroit de Paris où l'on dîne d'une façon convenable », lit-on dans *La Mode* (20 juillet 1833). Des jeunes gens de bonne famille, des artistes de talent, des étrangers de distinction, des hommes de lettres, qui sont aussi des gens du monde, en sont presque les seuls habitués, car il nous faut dire que la société réunie au Café de Paris est très « comme il faut » et que si les couples ne sont pas tous légitimes, ils en ont au moins les apparences.

« C'est à cette réunion de choix autant qu'à l'élégance de son service, à l'éclat de ses cristaux, au mérite de sa cuisine et à la recherche de sa cave que le Café de Paris doit ses succès presque européens... »

Citons encore, sur le Café de Paris : « Maintenant on nous avouera bien que le plus riche dépôt de marbres algériens ne vaut pas ce superbe « Café de Paris » au rez-de-chaussée surmonté d'un seul étage, et que son perron très

---

1. Le Café de Paris ne fut éclairé au gaz que plus tard.

Sur ce café voir le joli chapitre que M. Jacques BOULENGER lui consacre dans *Les Dandys*, et aussi la collection du journal *La Mode* (1ᵉʳ juillet 1837-5 octobre 1842). Voir encore : CLAUDIN, *Mes Souvenirs* ; VILLEMESSANT, ouvr. cit. ; ALTON-SHÉE, *Mémoires* ; Roger DE BEAUVOIR, *Soupeurs de mon temps* ; A. KARR, *Le livre de bord* et *Les Guêpes* ; R. BOUTET DE MONVEL, *Les Variétés*.

élevé mettait en quelque sorte à distance de la
foule. C'est là que dînaient les héros de Balzac et
de Charles de Bernard, c'était là aussi que des
vivants très fashionables allaient déguster le célèbre bœuf aux choux.

« On se serait cru dans un vieux salon de province et, en pleine canicule, la fraîcheur de ces
grands appartements boisés aurait suffi à frapper
le champagne. » (Aubryet et Maréchal : *Les Boulevards de Paris.*)

Il y eut un soir à ce Café de Paris, certain dîner
offert par Alfred de Musset, pour fêter un de ses
récents succès, et qui réunit autour de la table
douze convives dont la plupart ont laissé un nom
dans la littérature, Roger de Beauvoir, Félix Arvers,
Tattet, Guttinguer, Chaudessaigues, le docteur
Véron, d'Alton-Shée, Béquet, Mosselman, Alfred Arago et Nestor Roqueplan. « Les douze apô-
tres ! dit Ulric qui, pour notre édification ajoute :
« il ne manquait que Bejiojoso qui avait fui avec
l'amour en Italie. »

On s'en aperçut au champagne quand, après les
toasts, Roger de Beauvoir, dont la voix était cou-
verte par la fumée du vin, se leva pour chanter
un boléro andalou de la composition de Musset
(Comte d'Alton-Shée : *Mémoires*).

Tattet, Mosselman et Arvers faisaient parfois
leur entrée, accompagnés de jolies filles qu'ils
avaient rencontrées dans les cafés du voisinage.

C'est ainsi qu'on pouvait voir au « Café de Paris »
Louise La Blonde, Caroline, Louise Guipure, Pauline Fleury, la Grande Salomé, et la fameuse

Marie Sergent, dite « la reine Pomaré ». Toutes étaient des habituées de la Grande Chaumière, de Mabille et de Valentino...

Le comte de Courchamps, cet original qui vivait dans son lit, déguisé en vieille femme, pour dépister ses créanciers, ainsi que les sergents de la Garde Nationale, sortait le soir venu, quand il pensait n'avoir plus personne à craindre.

Au Café de Paris, il s'installait souvent au troisième guéridon à gauche, auprès du docteur Véron, et il se goinfrait littéralement avec « ses viandes », « ses épices » et « ses sauces ». Il mourut d'ailleurs d'avoir trop mangé.

Au Café de Paris comme ailleurs, Roqueplan plaisantait ceux qui s'en allaient à la campagne ou qui en revenaient, minés par l'ennui.

« Voyez, disait-il, les arbres eux-mêmes ne peuvent se souffrir à la campagne. Regardez-les donc arriver en voiture à Paris. »

Il parlait longuement sur ce sujet en compagnie de Théophile Gautier, d'Alphonse Royer et de Romieu, et cependant, il ne se répétait jamais et savait toujours trouver quelque chose de nouveau.

Le pamphlétaire Eugène de Mirecourt écrit, en 1856, à propos du docteur Véron :

« Le Café de Paris n'a pas assez de raffinements culinaires, assez de primeurs hâtives pour le palais délicat de notre héros. Vrai Dieu! Quelles bombances!

« Nisard a fait un amusant portrait de Véron qu'il appelle Modeste.

« Modeste achevait son dîner au Café de Paris.

« Le fruit venu, il tire nonchalamment sa montre et voit l'heure.

« Tout à coup, il s'élance comme un tourbillon et frappe de stupeur les assistants, son laquais qui l'attend en haut de l'escalier se précipite à son tour, et maître et valet font assaut de vitesse.

« Modeste se jette à corps perdu dans la voiture. »

Or le docteur Véron, alors directeur de l'Opéra (situé rue Le Peletier). se rendait tout simplement à son théâtre, c'est-à-dire à quelques pas de là.

Sous le Second Empire, la diffusion des chemins de fer amena une foule d'étrangers qui vinrent à Paris pour visiter les expositions universelles.

Devant cette ruée pacifique, le Café de Paris, établissement traditionnaliste, et dont les portes fermaient à dix heures, préféra mourir que de subir l'invasion des « Métèques ».

« Le pauvre Café de Paris, écrit Claudin, quartier général de toute cette élite, en mourut — 12 octobre 1856 — et alla rejoindre le « Rocher de Cancale » et les « Frères Provençaux ».

« Avec lui ont disparu l'élégance et le confortable, et, disons-le, l'étiquette, le savoir-vivre et la courtoisie qui y étaient observés.

« Partout le service fut négligé ; on introduisit le gaz dans les salons ; les garçons, alors silencieux, devinrent effarés et bruyants, et entre-choquèrent les assiettes et les couverts ; puis ils inaugurèrent l'argot et parlèrent nègre. »

C'est au-dessus du Café de Paris que Lord Seymour, fils de Lady Hartford, avait fait installer une salle d'armes particulière qui fut célèbre à cette époque.

On y trouvait gants de boxe, fleurets, haltères, et aussi les cigares les plus rares.

L'installation était des plus confortables, et il fut de mode chez les dandys de s'y donner rendez-vous.

M. Marcel Boulenger a fait une bien jolie description de cette curieuse salle d'armes dans ses délicieux *Souvenirs du marquis de Floranges*.

LA MAISON D'OR

Nous avons parlé incidemment de la « Maison d'Or » à propos des immeubles construits sur le boulevard en 1840.

Ce restaurant célèbre s'appelait primitivement « Café Hardy », du nom de son propriétaire.

Situé à l'angle de la rue Laffitte et du boulevard, il est aujourd'hui devenu un bureau de poste.

A l'époque qui nous occupe, la maison avait déjà près d'un quart de siècle d'existence.

« Au commencement de l'Empire, dit Lefeuvre, Hardy et Mme Riche tenaient, en face de Nicolle, deux grands cafés qui devenaient déjà des restaurants. »

Pendant de nombreuses années, les salons de cet établissement retentirent des échos joyeux des nuits de carnaval.

Si l'on soupait à la Maison d'Or, on y dînait et l'on y déjeunait aussi fort bien.

A l'heure du déjeuner, pendant longtemps, Hardy se tint lui-même devant son énorme cheminée en marbre blanc, et il faisait placer, au fur et à mesure des commandes, des tranches de viande sur un gril d'argent.

Il avait introduit en France le « grill-room » anglais.

« Le café Hardy avait pour habitués, dit Claudin, toute la rédaction du journal *Le National*, dont les bureaux étaient situés rue Le Peletier.

« Vers sept heures, on voyait arriver Armand Marrast, qui avait l'air d'un marquis et ressemblait à Barras, le baron Dornès, tué aux journées de Juin, Clément Thomas, Bastide, Gérard de Nerval, l'ingénieur Degousé, Recourt, Thibeaudeau, et quelquefois Louis Blanc qui habitait la maison de Tortoni. Il était jeune alors et ressemblait à un rhétoricien. »

Mais, parmi les habitués, un des plus célèbres fut, à coup sûr, Roqueplan.

« Chaque soir, dit M. R. Boutet de Monvel, dans son joli ouvrage sur les *Variétés*, immanquablement à huit heures et demie, on le voyait occuper sa table, toujours la même, juste en face de la porte, de manière à voir chaque nouvel arrivant, car, ajoutait-il avec conviction, lorsqu'on fait métier de journaliste, on a forcément des ennemis.

« A aucun prix il ne convient de leur laisser l'avantage de vous surprendre, mais, au contraire, s'arranger de telle sorte qu'on puisse leur faire toujours face et sortir aisément de l'endroit qu'on occupe. »

Huit heures et demie ! Voilà une heure qui nous semble bien tardive pour l'époque, car, sous Louis-Philippe, on dînait le plus souvent à six heures et demie ou même à six heures.

Roqueplan mangeait beaucoup et buvait davantage, le tout avec un grand discernement.

Il n'en restait pas moins bavard à l'excès. Durant ses repas, il aimait particulièrement à s'entretenir avec David, le maître d'hôtel, homme grave, cérémonieux, plein d'attention pour l'habitué chez lequel il devinait un connaisseur.

Il dépensait de seize à vingt francs pour son dîner et buvait un bon vin ordinaire dont le prix ne dépassait pas trois francs la bouteille.

Gaston Jollivet, qui s'est souvent assis à sa table, déclare qu'il a eu, pour ainsi dire, la primeur de son livre, *Parisine*, rempli d'observations profondes.

On dégustait à la Maison d'Or certaines spécialités telles que « l'ombre-chevalier », poisson rare et merveilleux, roi des lacs et des courants alpestres, ou les « foies sautés de lottes », autres bestioles aquatiques également savoureuses.

A la Maison d'Or comme au Café de Paris, comme sur le boulevard, Roqueplan émettait des paradoxes et des aphorismes.

« Messieurs, s'écria-t-il un jour, il n'est pas malin de dire qu'une femme est jolie ; le difficile c'est de le lui prouver. » (*Le Figaro*, 24 avril 1870.)

Le cabinet particulier nᵒ 6, le plus vaste de la maison, était toujours plein, raconte Gaston

Jollivet dans ses souvenirs, et Lord Hertford, le richissime anglais, qui demeurait en face, se tenait caché derrière sa fenêtre, une lorgnette à la main, et cherchait à surprendre ce qui se passait dans ce fameux cabinet n° 6. Or le garçon de la Maison d'Or se refusait énergiquement à fermer complètement les rideaux du cabinet, mais Gaston Jollivet affirme que le lord fut déçu car on se tenait aussi bien, dit-il, au n° 6 que dans un salon du monde.

Le propriétaire de la maison, Charles Verdier. était l'inventeur d'un compteur pour fiacre, ancêtre du taximètre actuel et qui fut chanté dans les revues de 1866, mais qui, comme tant d'autres inventions, tomba dans l'oubli. Ce compteur était muni de deux cadrans, l'un indiquait l'heure, l'autre la distance kilométrique parcourue. Roqueplan y fait allusion dans un de ses feuilletons du *Constitutionnel*.

Cependant, petit à petit, la vogue de la Maison d'Or alla en diminuant. Les étages supérieurs furent loués à différents commerces.

Le beau temps du règne de Hardy, sous la Restauration, celui de Verdier, sous le Second Empire, étaient passés. Un nouveau propriétaire imagina — il y a une vingtaine d'années — de transformer ce restaurant célèbre en une affreuse brasserie populaire. Bientôt il fit faillite et, dans ces mêmes salles où jadis les dandys dégustaient des plats succulents, les employés de la poste, derrière leur guichet, délivrent au public des timbres et des mandats.

LE CAFÉ RICHE

Il n'y a plus guère de noctambules à notre époque, mais il n'en était pas de même au beau temps de Nestor Roqueplan et, vers 1845, Claudin, qui avait perdu, disait-il, la faculté de pouvoir s'endormir à minuit, se mit à la recherche de noctambules pour lui tenir compagnie... il faut entendre ici par cette expression, non pas des hommes qui passent la nuit à leur cercle ou dans un café, mais des gens qui, disait-il, «faisaient un peu de la nuit le jour ».

Claudin ajoute qu'il en rencontra quatre très aimables : Nestor Roqueplan, Roger de Beauvoir, Murger et Lambert-Thiboust, qui tous avaient horreur de leur lit.

« Sans nous être donné rendez-vous, ajoute-t-il, nous nous retrouvions le soir sur le boulevard, et nous allions souper, du moins nous installer, soit à la Maison d'Or, soit au Café des Variétés, soit, un peu plus tard, chez Vachette, qui n'était pas encore Brébant. Pendant l'été, nous allions quelquefois aux Halles, chez Louis Baratte.

« Nous mangions fort peu, mais nous parlions beaucoup.

« Nestor Roqueplan, très élégant, était en habit noir et cravate blanche. Il était allé à l'Opéra, dans le monde ou à son cercle. Murger et Roger de Beauvoir venaient on ne savait d'où, et Lambert-Thiboust revenait du Palais-Royal où l'on jouait ses pièces. »

Nous avons dit que Roqueplan et son « état-major »
se réunissaient au Café Riche, choisi en raison de
sa fermeture tardive.

De tous les restaurants du boulevard des Italiens,
c'est celui qui survécut le dernier, mais il disparut à son tour, en 1916, et une banque s'installa sur
son emplacement, à l'angle du boulevard et de la
rue Le Peletier.

Que de transformations n'avait-il pas subies
depuis les beaux jours d'autrefois ?

« Les gens du monde dineront — fort cher — au
Café de Paris, ils n'y souperont point, le contrat
de location exigeant que le restaurant soit clos à
dix heures. La Maison d'Or, le Café Anglais, le
Café Riche recueillent les plus intrépides soupeurs.

« C'est là que s'affirmeront les intrigues nouées
sur le boulevard, que s'ébaucheront les plus
agréables romans, c'est là qu'il fait bon vivre en
oubliant les ennuis de la vie quotidienne et les
soucis de la vie politique. »

La clientèle du Café Riche, qui devait son nom
à sa fondatrice, Mme Riche, était autrement mêlée
que celle du Café de Paris.

« Ici c'est la foule grouillante où se confondent
Parisiens et provinciaux, hommes d'affaires et gens
de lettres, comédiens et journalistes », dit M. Boutet
de Monvel, et c'est pourquoi Roqueplan, de même
qu'Offenbach, vient chaque matin s'asseoir à la
table ronde, en face de la porte.

« Le soir, à peu de chose près, tous ces mêmes
boulevardiers se retrouvent dans le salon blanc et

or qui donne sur la rue Le Peletier. Le Café Riche devient à cette heure-là « le camp des écrivains qui portent des gants ».

« Offenbach, Tréfeu, Villemessant, Capoul, Philippe Gille, Albert Millaud, Hector Crémieux, Edmond About, les Goncourt, Fiorentino, rédacteur au journal de Villemessant, Saint-Victor, le critique influent de l'époque, « un noble type littéraire, toqué de l'antiquité », le nerveux Aubryet, Baudelaire, Lambert-Thiboust, Roqueplan qui vient de faire son tour à l'Opéra, Roger de Beauvoir, « pétillant, débordant, se répandant comme une mousse de champagne et jetant en l'air de vagues invitations à des dîners chimériques », écrivent les Goncourt.

Pour rien au monde, ni Beauvoir, ni Roqueplan n'abandonneraient la place une minute avant la fermeture, chacun accablant d'invectives le premier qui parle de s'en aller.

Plus tard, le Café Riche, lui aussi, devait se transformer en brasserie, décorée avec un luxe criard, avant de devenir une banque, mais le beau temps de Nestor Roqueplan et de ses brillants contemporains était déjà bien oublié.

LE CAFÉ ANGLAIS

Traversons maintenant le boulevard des Italiens.

Jusqu'à ces dernières années s'élevait au coin de la rue Marivaux, une haute maison peinte en blanc avec des fenêtres marron.

C'était le Café Anglais qui, lui aussi, connut des jours fastueux.

Nous avons assisté, il y a quelques années, à la vente de tout ce pauvre mobilier qui avait vu tant de soupeurs illustres, puis à la démolition de la maison.

Depuis longtemps déjà, le Café Anglais semblait abandonné. On aurait cru que personne n'osait franchir le seuil de ce restaurant discret, caché derrière ses rideaux blancs, et dont aucune « terrasse » n'agrémenta jamais la façade.

C'est en 1815 qu'un nommé Chevreuil ouvrit sur cet emplacement occupé jusqu'alors par une modeste boutique de marchand de vins fréquentée par les cochers, un comptoir bientôt adopté par les officiers anglais, d'où le nom de « Café Anglais ».

Le major Gronow y fait, vers cette époque, un mauvais dîner pour deux francs, nous raconte M. Roger Boutet de Monvel (*Les Anglais à Paris, 1800-1830*).

Plus tard, lors de la fermeture des maisons de jeu du Palais-Royal, l'établissement s'agrandit de l'ancienne maison dite « le grand treize », que la ferme des jeux n'ouvrait, rue de Marivaux, qu'à des clients choisis, du temps de M. Benazet.

Dans ses romans, Balzac fait souvent allusion au Café Anglais. C'est ainsi qu'en 1819, Delphine de Nucingen y commande un dîner fin pour son tête-à-tête avec Rastignac, et, en 1822, Rastignac et de Marsay, témoins de Lucien de Rubempré, l'emmènent dîner au Café Anglais.

C'est également à la fin d'un déjeuner au Café Anglais, en 1837, que Mme de la Boudray se jette dans les bras de Lousteau.

En 1848, la maison est rachetée par un petit restaurateur de Bordeaux « qui a su maintenir la vogue, l'élégance et les prix élevés ».

Ceci le changea de son restaurant de Bordeaux où il servait des repas à trente-deux sous. Il avait amené avec lui la dame du comptoir, qui, nous l'espérons, était accorte.

On appelait ce restaurateur le « Grand Martin ».

Vers cette époque on voyait tous les soirs Nestor Roqueplan franchir le seuil et s'asseoir à côté du docteur Véron, à la quatrième table à droite en entrant dans le grand salon.

Le Café Anglais devint bientôt le rendez-vous cosmopolite de tous les fêtards, et il fut chanté dans les revues de fin d'année.

On y vit le comte de Flandre et le duc de Brabant, pendant l'exposition de 1855. Bismarck et les archiducs y vinrent incognito, Rossini alla jusqu'à décerner à Dugléré, le célèbre chef de cuisine, le titre de « Mozart de la cuisine française ».

La grande mode était de dîner à la cave, renommée pour ses vastes proportions et son mobilier confortable.

Du sable fin était semé sur les allées. Ces caves contenaient deux cent mille bouteilles qu'un petit chemin de fer amenait auprès des tables.

Les soirs de fêtes, des grappes de raisin lumineuses pendaient aux voûtes.

Les cabinets particuliers, répartis dans toute la

maison, résonnaient des airs à la mode : « La femme à barbe » ou « Le pied qui r'mue ».

Mais c'est surtout au « Grand Seize » que le chahut battait son plein. Ce Grand Seize était un cabinet célèbre, situé au premier étage, à l'angle du boulevard et de la rue Marivaux. « Au Grand Seize, de minuit à trois heures du matin, on décrétait toutes les élégances », dit Arthur Meyer dans *Ce que mes yeux ont vu.*

Gramont-Caderousse, à la tête de la bande, conduit la danse en lançant la vaisselle plate par la fenêtre ; autour de lui, on reconnaît les trois frères d'Ezpeleta, le prince d'Orange, Paul Demidoff, les princes Lombomirky et Galitzine, Paskewitch, Mustapha-Pacha, Khalil-Bey, le duc de Rivoli, le comte d'Hérisson ; des Varannes « qui brûle d'amour pour une jeune débutante nommée Sarah Bernardht » ; le marquis de Modène, mort l'an dernier, et qui fut le type du grand seigneur galant et spirituel ; M. de Rennepon, président du Club des Moutards ; Arsène Houssaye, Gustave Claudin, Aurélien Scholl, Marcellin, fondateur de la *Vie parisienne* ; et, naturellement, Nestor Roqueplan.

Bien entendu, les « lionnes » à la mode égayent ces agapes de leur présence. Blanche d'Antigny, Catherinette, Esther Guimond, l'amie de Roqueplan et de... tant d'autres, Adèle Courtois, Rosalie Léon, Léonide Leblanc, Julia Barucci, et la célèbre Cora Pearl, cette Anglaise à cheveux jaunes, qui fut la maîtresse du prince Napoléon, prenaient une part importante à la fête.

Un peu plus tard, le prince de Galles, le futur
Edouard VII, y fera de multiples soupers, en
compagnie de gentes dames et aussi en compagnie du duc d'Hamilton Douglas et de Khalil Bey,
ambassadeur de Turquie.

C'est au Café Anglais que Roger de Beauvoir
vit pour la première fois ce fou de marquis de
Saint-Cricq, et il en fut vivement impressionné,
ainsi qu'il en témoigne dans une fort spirituelle
série de portraits contemporains intitulée : *Soupeurs de mon temps.*

« J'avais devant moi, dit-il, un homme d'une
cinquantaine d'années, grand, élancé, mangeant
avec son chapeau sur la tête ; il portait la barbe
longue et mal en ordre, sans col de chemise, mais,
à la place, une énorme agrafe d'argent qui retenait
le collet d'un long manteau, ou plutôt des deux
manteaux superposés, avec une triple rangée de
collets. »

Qu'avait-il en dessous ? Habit ou redingote ? Il
était impossible de le deviner.

Saint-Cricq, attablé devant Roger de Beauvoir,
avait devant lui un saladier rempli de mâches et
de betteraves qu'il retournait avec une ardeur
fébrile, puis il tira d'une de ses poches une large
tabatière, l'ouvrit, et en saupoudra tranquillement
sa salade, puis il remua de nouveau le tout et se
versa à boire un verre de Larose. Ensuite, à la
grande stupéfaction de Roger de Beauvoir, il
appela le garçon : « Mon cold-cream ! », lui com-
manda-t-il. Le garçon revint avec le pot demandé,
et Saint-Cricq s'en barbouilla le visage, puis il

rouvrit sa tabatière et se lança du tabac à la figure
ainsi que des feuilles de salade.

Sa physionomie devint alors grotesque ; il ressemblait ainsi à quelque clown hallucinant, mais
personne autour de lui ne semblait s'étonner de
ses excentricités. Au Café Anglais, on y était
habitué.

D'ailleurs, Saint-Cricq se souciait fort peu du
qu'en dira-t-on. Il haïssait la foule et sa grande
joie était de laisser la porte ouverte pour faire
geler les consommateurs.

Quant à lui, protégé par son manteau à triple
collet, il s'en souciait peu, et si quelqu'un donnait
l'ordre au garçon d'aller fermer la porte, Saint-
Cricq se levait et allait la rouvrir.

N'alla-t-il pas, un jour, jusqu'à installer un système de ficelles pour la rouvrir lui-même de sa
place, sans qu'on s'en aperçût? Ce jour-là, le
gérant, Delaunay, se fâcha pour de bon, se rua
sur Saint-Cricq et le cribla de coups.

Les élégants spectateurs du Théâtre Italien, tout
proche (ce théâtre était situé place Ventadour à
l'emplacement actuellement occupé par la Banque
de France) venaient, le spectacle fini, souper au
Café Anglais.

Les hommes étaient en habit noir, culotte courte
et bas de soie, linge éclatant et manchettes
retroussées sur l'habit.

A ce moment, toute une génération de dandys
avait contribué à la célébrité du Café Anglais.

Citons le comte de Narbonne, qui cassait métho-
diquement la vaisselle dans laquelle il avait soupé,

Napoléon d'Abrantès, fils de Junot, ce toqué de marquis de Saint-Cricq, dont nous avons déjà parlé, le docteur Véron, Briffaut, rédacteur au *Corsaire*, et, enfin, le charmant Roger de Beauvoir.

En 1856, le Café Anglais bénéficie de la fermeture du Café de Paris, dont tous les habitués ont traversé le boulevard.

Il était de bon ton de se montrer au Café Anglais pour quiconque souhaitait passer pour très parisien.

En outre du « Grand Seize », il y avait aussi un cabinet très recherché. C'était le « Marivaux », qu'on appelait aussi le cabinet des femmes du monde, car celles-ci y accédaient par un escalier spécial, qu'elles montaient très vite, de peur d'être reconnues, mais, de la salle commune de l'entresol, les dineurs pouvaient, grâce à un jeu de glaces, et aussi à la complaisance des garçons, observer les allées et venues dans l'escalier ; et l'on raconte qu'un soir, un des dineurs de la salle commune reconnut sa légitime épouse en compagnie d'un intime ami du ménage.

Le cuisinier en chef, Adolphe Dugléré, recevait un traitement de vingt-cinq mille francs.

Un soir, il servit un dîner vraiment royal.

Qu'on en juge : les convives n'étaient rien moins que le roi de Prusse, le prince royal, l'empereur Alexandre de Russie, le czarevitch, et Bismarck.

On leur servit une carpe du Rhin à la Chambord, des filets de faisan à la Metternich, des filets de sterlet et des crevettes Bagration ; comme vins, du

Madère retour de l'Inde, du Château-Laffitte 1848, du Johannisberg et du Metternich 1837, du Tokai 1824.

Telle fut l'histoire amusante d'un des restaurants parisiens les plus célèbres du dix-neuvième siècle.

Mais au fond, toutes ces anecdotes nous semblent étonnamment vieillies aujourd'hui, et nos jeunes gens actuels sourient à leur lecture, quand ils ne baillent pas. C'est que les mœurs ont plus changé entre 1914 et 1928 qu'entre le début de la Restauration et la fin du Second Empire.

*
* *

Il nous faudrait aussi parler de Frascati, dont l'établissement était situé au coin du boulevard Montmartre et de la rue de Richelieu, mais outre que sa vogue était à peu près passée à l'époque que nous décrivons, c'est un volume qu'il faudrait pour parler de toutes les attractions qui s'y trouvaient, de ses jardins suspendus, de ses salons de jeu.

Un restaurant, qui succède à un pâtissier, en perpétue le nom, sur son emplacement.

*
* *

On peut lire, dans certains ouvrages publiés sur ces restaurants célèbres, que les patrons se montraient rarement dans les établissements qu'ils dirigeaient.

L'exemple de Hardy se tenant lui-même devant

son gril à l'ancienne Maison d'Or était une exception.

« Je n'ai jamais vu M. Bignon au restaurant qui porte son nom », lit-on dans les souvenirs de Gaston Jollivet.

Il aurait pu, cependant, l'y voir une fois, et cette anecdote, authentique, a été contée à l'un de nos amis par le fils même de M. Bignon. La voici : un soir, vers onze heures, un Anglais se présente au restaurant Bignon, situé au coin du boulevard et de la chaussée d'Antin, là où est aujourd'hui Paillard.

« Je veux souper, mais je tiens à être servi par M. Bignon, déclare l'Anglais au maître d'hôtel. — M. Bignon est couché. — Allez le réveiller. »

Comme l'Anglais insistait, le maître d'hôtel se décida à monter frapper à la porte du patron. Celui-ci s'habilla, descendit, et servit lui-même le souper à son client.

Quand, son repas terminé, l'Anglais demanda l'addition, il put lire, en bas, ces mots : « Supplément pour service personnel de M. Bignon : Mille francs. »

*
* *

On peut lire dans les souvenirs de Gustave Claudin ce tableau bien joli et bien vrai de cette époque de la grande vogue des restaurants du boulevard :

« Alexandre Dumas écrivait les *Trois Mousquetaires,* Eugène Sue publiait les *Mystères de Paris* et le *Juif errant,* Balzac nous donnait le *Lys dans la vallée,* Armand Marrast dînait au Café Hardy avec ses collaborateurs du *National,* Romieu et

Henry Monnier faisaient des farces et Gavarni des caricatures, Alfred de Musset dînait au Café de Paris avec le docteur Véron; Nestor Roqueplan, qui n'avait pas encore de tic, dirigeait les *Variétés*, Auber, triste comme Hamlet, montait à cheval, Béranger ne faisait plus de chansons; Ledru-Rollin entrevoyait déjà dans ses rêves le suffrage universel, le marquis du Hallays payait au poids de l'or la fleur qu'il achetait chaque soir à la bouquetière du boulevard.

« Il faut dire qu'en ce temps-là, Paris était aux Parisiens et c'était l'élite de ces Parisiens qui occupait le boulevard et le considérait comme son fief. On n'y était admis qu'autant qu'on apportait une supériorité ou une originalité quelconque.

« Par malheur, l'année 1848 et les années suivantes amenèrent ce que je demande la permission d'appeler : l'invasion des Barbares. Ils vinrent, non pas conduits par Attila, mais amenés par les chemins de fer qui mirent Paris à quelques heures des grandes villes qui, sous le régime des diligences et des chaises de poste, en étaient séparées par de longues journées de marche. »

Nous avons déjà décrit cette invasion de Métèques, dirions-nous aujourd'hui, qui s'abattit alors sur le boulevard et lui fit perdre toute son originalité et son caractère.

« La vie devint bruyante et le luxe tapageur, dit Jacques Boulenger dans *Les Dandys*, les malices de Malitourne et les petits vers de Roger de Beauvoir se perdirent dans le « chahut » du « Grand Seize », et les retentissantes folies d'un Gramont-

Caderousse firent oublier les manifestations à la bonne franquette d'un Romieu. »

*
* *

Ainsi, de tous ces restaurants si fort à la mode sous Louis-Philippe et le Second Empire, aucun ne subsiste aujourd'hui.

Tortoni, la Maison d'Or, le Café Anglais, le Café de Paris, le Café Riche ont dû successivement fermer leurs portes.

Tous les dandys qui formaient la brillante « jeunesse dorée » du règne de Louis-Philippe sont morts, certains misérablement.

Peut-être payèrent-ils d'une fin prématurée les excès de tous genres auxquels ils s'étaient livrés sans retenue lors de leur si brillante jeunesse.

« Tout a une fin dans ce monde, même l'estomac », déclare Roger de Beauvoir dans *Soupeurs de mon temps*.

Lui-même devait mourir d'un accès de goutte dans d'atroces souffrances, et Véron, Romieu, Courchamps, Briffaut « qui a tué sous lui au moins trente restaurants » sont morts aussi d'avoir trop mangé.

Avec eux disparaissaient les établissements célèbres où leur esprit se donnait libre cours, et cette époque charmante fit place à l'affreux Paris cosmopolite que nous subissons aujourd'hui et où ce qui reste de nos boulevards n'est plus parcouru que par une foule terne et indifférente.

LA PRESSE

Les bureaux de rédaction et d'abonnement du *Figaro* de 1826, composés d'une seule pièce, étaient situés rue Bergère, au fond de la cour, dans une construction en assez mauvais état, nous conte Villemessant dans ses *Mémoires*. On y accédait, du côté du boulevard Poissonnière, par une sorte d'échelle à pente roide, véritable casse-cou.

Le nombre des abonnés ne devait pas être considérable, car Maurice Alhoy prenait un cabriolet pour distribuer sa feuille lui-même.

Le journal se spécialisa d'abord dans la critique

théâtrale, traitant en ennemi quiconque ne lui payait pas rançon.

Il se débattait dans des commencements difficiles lorsque le général Cl.... vint le subventionner, mais la condition imposée était dure : le *Figaro* devait louanger tous les jours une danseuse de l'Opéra : Mlle Noblet l'aînée.

Malgré sa subvention, la situation du *Figaro* restait précaire ; on prétend que l'un des rédacteurs envoyait demander chaque matin des places dans différents théâtres qu'un marchand de billets, nommé Lazare, venait lui acheter au rabais. La cuisinière du journaliste attendait, dit-on, que ce marché fût conclu pour aller faire le sien.

Enfin Bohain achète le *Figaro* pour lui seul au prix fabuleux, pour l'époque, de quarante mille francs à Lepoitevin de Saint-Alme, qui l'avait lui-même acquis de Maurice Alhoy.

Le journal est transféré 12, cité Bergère, dans une maison qui possède un toit en terrasse.

Bientôt, les salons sont fréquentés par toute la jeunesse intellectuelle de l'époque. On y rencontre Victor Hugo, Viennet, Mazères, Mlle Mars, Alexandre Dumas encore inconnu, Malitourne, le docteur Véron, Émile de Girardin, qui vient de publier *Émile*. Jeune homme d'une rare élégance et aux manières distinguées, Émile de Girardin faisait alors son éducation financière chez un agent de change.

Le *Figaro* publie, en 1827, un compte rendu très remarqué du salon de peinture. Il est signé Nestor Roqueplan, et se distingue par la nouveauté de ses points de vue et l'originalité de son style.

Le directeur, Bohain, était le type accompli de l'homme d'affaires, type encore peu répandu à l'époque.

Fort intelligent, il avait un nombre incalculable d'idées en tête, il exerça bien des métiers.

Sa fortune, évaluée à plusieurs millions, lui permettait les spéculations hasardeuses dans lesquelles il y avait chaque fois un million à gagner.

Roqueplan n'était pas riche, mais la fortune de Bohain était telle qu'elle semblait suffire à tous les rédacteurs du *Figaro*.

Rédigé dans un esprit fin et hardi, le journal ne tarde pas à avoir un grand succès et fait à la Restauration et à Charles X une guerre qui ne contribue pas peu à leur chute.

A chaque instant, comme tous les journaux de la Restauration d'ailleurs, il lance des diatribes contre les jésuites.

C'est peu de temps après qu'Eugène Sue publie en feuilleton son *Juif errant*, violent réquisitoire contre la Compagnie de Jésus. En ce temps-là, Veuillot écrivait dans l'*Univers* que les *Siècle* et les *Constitutionnel* mangeaient tous les matins un jésuite à la croque au sel.

C'est l'époque où les vengeances et les colères d'une réaction furieuse donnèrent un rôle des plus importants à la délation.

« Les délateurs, écrit Gaboriau, comme ceux de la Rome antique, sûrs de l'impunité, que dis-je, certains d'obtenir des récompenses et des honneurs, ne se renfermèrent pas toujours dans leur strict

devoir. D'espions, ils devinrent agents provoca-
teurs, et, pour satisfaire leur « honnête ambition », se mirent au service de toutes les ran-
cunes. En 1826, partout et toujours, l'opinion
émue voyait des mouchards et des agents pro-
vocateurs. »

Voilà qui nous explique l'anecdote suivante,
contée par Alphonse Karr[1] :

« Le ministère public fit au *Figaro* un procès
dont la cause paraîtrait étrange aujourd'hui. Ce
journal avait dit : « On a vu hier M. Roux entrer aux
Tuileries. »

« Le ministère public argumenta ainsi : « Qu'est-ce
que M. Roux? — Un chirurgien célèbre qui s'occupe
spécialement des maladies des yeux. — Que veut-
« on donner à penser qu'il vient faire aux Tuileries ? — Donner des soins au Roi. — C'est dire
audacieusement que Sa Majesté Charles X est
aveugle ou menace de le devenir. »

Bohain, rendu responsable, fut condamné à un
an de prison.

Le *Figaro* avait une rubrique intitulée : « Coups
de lancette » dans laquelle on trouvait souvent de
violentes attaques contre quelque personnage
haut placé ou contre quelque puissance.

« Dans un pays qui touche à la Turquie, lisait-on
un jour, les uns reçoivent des cordons, les autres
n'obtiennent que la corde. »

Et cet autre : « Le prince de T... (Talleyrand,
sans doute) assure que dans sa jeunesse, il jouait

1. *Op. cit.*, p. 161.

la tragédie. — Quels rôles ? lui demande-t-on. —
J'ai joué les rois .»

Cet autre encore : « M. Cousin disait, dans
une de ses dernières leçons, «les trois quarts des
choses que je dis sont absurdes. » Beaucoup de
gens partagent l'opinion de M. Cousin pour l'autre
quart. »

Les articles n'étaient pas signés, aussi est-il assez
difficile d'en découvrir les auteurs, mais dans ces
«coups de lancette» qui, sans doute, étaient
composés par plusieurs rédacteurs, on retrouve
l'esprit satirique de Nestor Roqueplan.

Dans celui-ci, entre autres :

« On parle d'une grande spéculation : quand on
aura mis toutes les rues en passages, on mettra
tous les passages en rues. — On se plaint à tort
de la saleté de Paris : les quartiers les plus propres
ont à peine deux pieds de boue. »

Le jeudi 24 août 1826, le *Figaro* publie un
entrefilet encadré de noir, orné de têtes de mort
et de tibias en croix. C'est pour commémorer le
massacre de la Saint-Barthélemy que le journal
prend ainsi le deuil.

Ce n'est là qu'innocente plaisanterie qui a pour
but de taquiner les pouvoirs publics. On pourrait
s'étonner que Roqueplan, catholique sincère, ait
laissé paraître un tel article, mais, encore une
fois, il faut se reporter à l'époque, et ce n'est là
qu'une boutade dirigée contre le gouvernement
de Charles X.

De 1826 à 1830, le *Figaro* est rédigé par l'élite
de tous les jeunes esprits de la fin de la Restaura-

tion, mais aucun nom n'est connu, l'incognito est
en effet une des conditions indispensables du
succès, de la liberté d'esprit, de la puissance
d'un journal satirique.

Aussi Bohain est-il à cet égard d'une discrétion
à toute épreuve.

Parmi les rédacteurs du *Figaro* se trouve alors,
nous dit Gaboriau, un jeune débutant qui se fait
appeler Horace de Saint-Aubin et qui devait, plus
tard, devenir l'illustre Balzac.

Les rédacteurs ne reçoivent que de très modestes
rétributions. Nestor Roqueplan est l'un des plus
largement appointés. Il écrit des articles de critique théâtrale et artistisque, il fait notamment le
compte rendu du théâtre italien.

Pour ce travail, l'administration lui « promet »
cinquante francs par mois, cinq francs de plus
qu'elle ne fait espérer à Jules Janin, et celui-ci ne
le lui a jamais pardonné, raconte Villemessant.

Cet incident fut l'origine d'une polémique plutôt violente entre Janin et Roqueplan, polémique
qui dura de nombreuses années, et qui, nous dit
Villemessant, pourrait bien s'appeler : « le duel à
l'effigie d'une pièce de cent sous ».

Les arrérages de cette somme de cinquante
francs, longuement accumulés, furent transformés
par la suite en une action représentant la deux
cent cinquantième partie de la propriété du journal.

« Le jour où la munificence de son ami Bohain le
mettait à la tête de ce capital « homéopathique »,
nul doute que Roqueplan ne dut se croire un per-

sonnage autrement important que lors de sa prise de possession directoriale à l'Opéra ».

Au sujet de cette rivalité entre Janin et Roqueplan, rivalité dont les causes étaient multiples, il est curieux de voir jusqu'à quel point celui-ci sait être agressif quand il le veut. Cependant, Roqueplan est loin d'être méchant. Bien des actes de sa vie nous montrent son excellent cœur, mais, à cette époque, le paradoxe est fort à la mode et le brillant journaliste est passé maître dans l'art de le cultiver.

Il semble avoir cherché toute sa vie à donner le change à ses contemporains.

Son scepticisme est voulu et cache une bonté réelle qu'une sorte de timidité semble l'empêcher de laisser deviner.

Cet homme paraît vraiment craindre qu'on ne le découvre tel qu'il est, aussi ses attaques contre Janin dépassent-elles certainement sa pensée.

En réponse à un feuilleton de celui-ci, feuilleton qui l'avait particulièrement irrité, Roqueplan au paroxysme de la colère — du moins en apparence — répond :

« Votre plume crache, étoile le papier et ne sait pas courir droit, votre phrase est incertaine et insoumise; marchant au hasard et sans ordre elle semble soustraite à votre volonté comme les membres d'un homme malade de la moelle épinière. Les mots abondent, « le mot » ne vient jamais. »

Mais, encore une fois, Roqueplan ne pense pas tout ce qu'il dit, il y a beaucoup plus de taqui-

nerie que de méchanceté réelle dans cette polémique.

Il reconnaît d'ailleurs que pour avoir peut-être
frappé moins fort sur lui, Janin n'en a pas frappé
moins juste.

Roqueplan, polémiste enragé, s'est toujours
amusé dans sa carrière de journaliste à prendre
ainsi certains personnages en vue comme têtes
de Turc.

Après Janin, ce fut sur Scribe, Thiers et Rambuteau que sa verve s'exerça.

Quelques années plus tard, le journal *La Mode*
s'indigne, d'une façon plutôt exagérée, de cet incident entre Janin et Roqueplan ; mais il faut dire
que, publication nettement légitimiste malgré son
titre anodin, *La Mode* ne pouvait souffrir ni le
Figaro ni ses rédacteurs.

Les bureaux de *La Mode* étaient situés 25, rue
du Helder.

Ce journal était entièrement dévoué à la cause
de la duchesse de Berry. Pour justifier son titre,
il publiait, en dehors des articles politiques, des
chroniques mondaines et des appréciations illus-
trées en couleur sur la mode, tant masculine que
féminine.

Fondé par Émile de Girardin et Lautour-Mézeray, il parut de 1827 à 1855, et sa collection,
devenue assez rare, est une mine précieuse pour
les chercheurs qui s'intéressent à cette curieuse
époque.

Toujours est-il que son indignation est exagérée
quand il dit, en 1835 :

«Jules Janin commença à écrire dans un célèbre petit journal de ce temps-là : le *Figaro*.

«On se souvient encore de cette raillerie, de ces sarcasmes sans pitié, et, disons-le, des tristes personnalités de ce journal. Rien n'était sacré pour ces jeunes gens qui ne savaient rien du monde. Ils allaient, ils allaient. Ils allaient toujours, versant à pleines mains l'injure et le blâme sur les hommes les plus respectés et les plus respectables.

« Le premier des hommes qui tomba sous la main de ce petit journal, ce fut le plus excellent des hommes et le plus vertueux, et le plus indulgent, M. le duc de Montmorency. On dit qu'il en est mort de chagrin.

« Fasse le ciel que ce soit là une exagération des ennemis de la presse, car ce serait un crime dont la presse ne saurait se laver !

« Or nul ne savait en ce temps-là qu'il y avait, parmi les écrivains du *Figaro*, un jeune homme de vingt ans qui avait nom Jules Janin. »

*
* *

Le *Figaro,* à l'époque de sa fondation, cingle à droite et à gauche, dans la question des romantiques, parfois sur le vieux M. de Jouy et parfois sur le jeune Victor Hugo.

« Le poète, conte Villemessant, s'étant décidé à venir visiter les rédacteurs dans la cave qui leur servait de bureau de rédaction, les hostilités cessèrent, mais ce ne fut que plus tard, sous le ministère Martignac, que le journal prit une position avant dans le camp des novateurs, et servit ouvertement trois maîtres : le libéralisme, le dieu Shakespeare et son prophète, Victor Hugo. »

Le *Figaro*, fondé au plus fort de la lutte des partis lorsque l'opinion se soulève de toutes parts contre le gouvernement des Bourbons, prend hardiment place à l'avant-garde de l'opposition, et il reste fidèle au poste, toujours sur la brèche, jusqu'au jour où ses deux rédacteurs en chef, Victor Bohain et Nestor Roqueplan signent la fameuse protestation contre les ordonnances. Le lendemain la révolution de 1830 était faite.

Il nous faut maintenant parler des principaux collaborateurs de Bohain et de Roqueplan à ce fameux *Figaro*.

Alphonse Karr d'abord, qui, débutant timide et normand rustique, est tout ébloui par le faste des nouveaux directeurs. Roqueplan évoque pour lui « la vie parisienne dans toute sa splendeur », ainsi qu'il l'écrit dans son *Livre de bord*.

« On m'avait montré une fois deux messieurs très bien vêtus, descendant d'une voiture de maître à la porte d'un théâtre, et l'on m'avait dit : « Ce sont deux rédacteurs du *Figaro*. » J'ai su depuis que c'étaient Victor Bohain et Nestor Roqueplan.

« J'avais été vite ébloui de leur magnificence ; il est vrai que le hasard m'avait fait voir les deux seuls du journal qui pussent produire cet effet : Bohain, richement et cossument habillé, Roqueplan très élégant, très soigné, fort à la mode, l'inventeur alors de la large bande en galon de soie

MARCHANDES DE JOURNAUX
d'après Daumier

Pl. — V.

sur les coutures du pantalon, invention qu'il inspira
au célèbre Schwartz, le grand tailleur de pantalons de la Restauration. C'était assurément la
chose dont il était le plus fier.

« Tout cela est bien un peu ridicule, ou du
moins cela le serait chez tout autre. Mais comment
le ridicule atteindrait-il un Roqueplan ? Il faut
bien qu'on lui passe ses pires manies puisqu'il
a de l'esprit. » (J. Boulenger, *Les Dandys*.)

« Le salon où Bohain et Roqueplan m'avaient
reçu, poursuit Karr, était fort élégamment meublé ;
eux-mêmes étaient mis avec luxe. »

Karr nous parle aussi des autres rédacteurs du
Figaro.

Parmi ceux-ci, Eugène Chapus, devenu depuis
rédacteur en chef du *Sport*, était le professeur de
toutes les étiquettes et de toutes les élégances,
« Magister elegantiarum », mais sa toilette était
un peu tapageuse.

Roqueplan, excellent homme au fond, malgré
certaines fanfaronnades de sécheresse, fait donner
à Karr, pour ses premiers articles, beaucoup plus
qu'il ne lui doit.

Le caissier du *Figaro* était alors Masson de
Puitneuf.

C'est à lui qu'un mauvais plaisant fit un jour la
farce d'écrire sur la porte de son bureau : « Masson
visible depuis neuf jusqu'à onze », plaisanterie qui
mit le brave caissier fort en colère. C'était un
homme très grand et très maigre, marqué de la
petite vérole, ce qui ne l'empêchait pas d'avoir
une mise prétentieuse. « Excellent du reste et très

obligeant, accordant volontiers pendant le mois des avances aux rédacteurs, avances qui variaient il est vrai de dix à quinze francs à la fois et finissaient par ne dépasser presque jamais les bénéfices probables de l'emprunteur pendant le mois. »

Masson jouissait d'un petit revenu et son emploi au *Figaro* était destiné à subvenir à son luxe. Ce luxe consistait en une sorte de tilbury attelé d'un cheval jaune et maigre qui l'amenait à la cité Bergère vers dix heures du matin.

Masson qui conduisait lui-même, le chapeau sur l'oreille, mode introduite ou plutôt ramenée d'Angleterre par le major Frayer, le cigare non allumé, par économie, au coin des lèvres, avait à ses côtés un petit paysan très lourd, déguisé en groom, auquel il avait, non sans peine, appris son métier.

Le soir, grâce aux billets donnés au *Figaro* par les directeurs de théâtre et les musiciens, Masson de Puitneuf allait au spectacle ou au concert.

Il contribua à la fondation du premier concert en plein air aux Champs-Élysées.

Les rédacteurs du *Figaro* gagnent rarement cinquante francs par mois et cependant quelques-uns sont de la tête aux pieds des dandys et des jeunes gens du monde.

Alphonse Royer, notamment, qui organise des chasses sur ses terres, auxquelles il invite en masse la rédaction du *Figaro*.

Hippolyte Rolle, un des plus élégants, a toujours une tenue irréprochable que nous décrit Villemessant : « Pantalon jaune collant, cravate blanche

à carcan et à nœud à rosace, habit couleur
« flamme d'enfer à manches à gigot ».

Il avait de belles relations grâce à son père,
bibliothécaire et ami de l'ancien préfet de la Seine,
le baron Frochot.

Brucker, autre rédacteur du *Figaro*, grand garçon mince, aux petits yeux très vifs et très intelli-
gents, possédait une figure tourmentée, émaciée,
un esprit agité, inquiet, révolté. Il avait sept ou
huit enfants : il avait exercé la profession d'éven-
tailliste avant de faire partie de la presse.

Peu de temps après son entrée au *Figaro*,
Alphonse Karr est invité à dîner par ses directeurs.
Le repas lui paraît somptueux : on y sert du cham-
pagne frappé. Les convives sont Bohain, Roque-
plan, Romieu, Jules Janin, Béquet, l'économiste
Blanqui, Brucker, Michel Masson, Léon Vidal et
Éléonore de Vaulabelle, frère de l'historien.

L'esprit, un peu cherché au début du dîner,
devient peu à peu naturel, étincelant. Ce fut, en
quelque sorte, la réception officielle de Karr au
Figaro.

« On m'annonça, dit-il dans *Le Livre de bord*,
que je serais dès le lendemain inscrit sur le regis-
tre des entrées du théâtre des Nouveautés, en face
de la Bourse. »

Karr nous dit qu'il ne voit ses directeurs que
de loin en loin, dans la matinée du dimanche ; et
comme ils lui reprochent de ne pas mordre à la
politique, il leur répond qu'il n'y songe pas une
seule fois. Un jour, il fait allusion, dans un article,
à l'ivrognerie d'un ministre de Charles X.

« A la bonne heure, lui dit Roqueplan, vous voyez, ce n'est pas plus difficile que ça. — Mais, mon cher monsieur, répondit Karr, je ne connais aucun de ces gens-là, et c'est dans le *Figaro* que j'ai appris le malheureux penchant de ce ministre pour les liqueurs fortes. — Croyez-vous, répliqua Roqueplan, que vos collaborateurs le connaissent plus que vous? Quant au malheureux penchant en question, vous auriez pu l'inventer aussi bien que Brucker, car il est probable que ça n'est pas vrai. — Comment, il n'est pas vrai que?... — Après tout, affirmer que ça n'est pas vrai serait peut-être beaucoup, ce qu'il y a de vrai, c'est que nous n'en savons absolument rien. »

En 1850, Bohain est nommé préfet et Roqueplan reste seul directeur du *Figaro*, puis, bientôt la volonté des actionnaires lui adjoint Henri de Latouche.

Roqueplan et lui se partagent les fonctions de directeur en alternant de mois en mois.

Henri de Latouche, tour à tour poète, romancier et publiciste, était un homme d'esprit — ce n'était pas rare alors — mais ce qui vaut mieux, un homme d'infiniment de goût et de tact en matière littéraire ; il fut l'éditeur d'André Chénier, qu'il révéla à la France, il fut aussi le maître de George Sand, et l'ami de Mme Desbordes-Valmore, ainsi que l'a prouvé M. Jacques Boulenger dans *Marceline Desbordes-Valmore ; sa vie et son secret.*

Sa figure était fine et sensuelle, mais sa physionomie peu franche, un homme peu sympathique, au fond.

« Original jusqu'à la bizarrerie, sauvage jusqu'à la grossièreté, républicain par raison, aristocrate par humeur, chef des romantiques, il fit, au *Figaro*, une rude guerre aux hommes et aux choses de Louis-Philippe », écrivent Villemessant et Jouvin dans le *Figaro* du 2 avril 1854.

Un tel homme ne pouvait s'entendre avec Nestor Roqueplan ; aussi la situation du *Figaro* avec ses deux rédacteurs en chef et bientôt ses deux rédactions ne tarda-t-elle pas à devenir impossible.

« Pendant un mois, sous la conduite de Roqueplan, le journal se montre ami du gouvernement et accable de moquerie les « bousingots » (faiseurs de bousin, bruit, tapage). Le mois suivant, Latouche étant consul, le journal devient bousingot lui-même. »

La paix est loin de régner à ce moment dans les bureaux de la cité Bergère. Latouche et Karr ont failli se battre en duel. Cependant, Félix Piat, Jules Sandeau et George Sand viennent de débuter au *Figaro*.

Vers la même époque, un banquier, M. de la B... commandite le journal pour trente mille francs, à la condition qu'on lui ferait obtenir ses entrées dans les coulisses de l'Opéra.

Le lendemain du jour où il avait effectué son versement, il se présente à la porte du théâtre et se voit refuser impitoyablement l'entrée. Furieux, il intente un procès au journal, mais celui-ci avait fait volte-face politique dans l'intervalle et l'administration avec laquelle le banquier avait traité

s'étant retirée, M. de la B... n'obtint pas ses entrées
et ne revit jamais son argent.

Les jeunes rédacteurs du *Figaro* n'engendraient
pas la mélancolie et l'on s'amusait ferme dans les
salons de la cité Bergère. A preuve cette anecdote
contée par J.-B. Collet dans le *Figaro* (4 juin
1854) :

« Un soir, on y célèbre la fête de Roqueplan en
son absence. Lors de son retour, vers le milieu
de la nuit, il est fort étonné de voir l'appui de ses
fenêtres décoré de lampions ; il se précipite dans
son salon ; son ami Rolle vient vers lui, la langue
et les jambes embarrassées, tenant au bras deux
pieds dont la suite se perd sous un canapé. « Per-
« mets-moi, lui dit-il, de te présenter un de mes
« amis, un charmant garçon, M. Gustave Béquet. »

« Le lendemain, un jeune homme modeste,
embarrassé, arrivait chez Roqueplan : « Je vous
« ai été présenté cette nuit », dit-il.

« — Je ne me rappelle pas...

« — Par R... notre ami commun.

« — Ah ! Fort bien, monsieur, je n'avais vu que
« vos bottes ! »

Karr nous raconte aussi que les bureaux de
l'ancien *Figaro* furent un jour envahis par une
bande de ces étudiants tapageurs, surnommés
« bousingots », qui avaient cru spirituel de se
coiffer de chapeaux hauts de forme qu'ils avaient
fait teindre en rouge écarlate.

Ils venaient se plaindre de ce que le *Figaro* eût
osé les tourner en rididule, et ils réclamaient des
excuses au journal. Roqueplan les reçut et leur dit

qu'ils s'étaient volontairement soumis au jugement public en imaginant cette aimable invention,
puis il ajouta qu'ils étaient mal élevés car ils
gardaient leurs fameux chapeaux sur la tête.

Là-dessus, fureur des chapeaux rouges.

Roqueplan, qui faisait partie de la garde nationale à cheval, détacha d'une panoplie un sabre de
cavalerie, Karr fit de même, et tous deux poursui-
virent leurs visiteurs à coups de plat de sabre
dans l'escalier. Les « bousingots » s'enfuirent en
hâte, abandonnant un des fameux chapeaux rouges
que Nestor conserva longtemps accroché dans son
salon.

Roqueplan faisait partie de la garde nationale
à cheval. Il disait, cependant, avoir cet animal en
horreur. Le cheval lui paraissait : « un fou furieux
à l'état chronique », dit Charles Piel dans le *Constitutionnel* (2 mai 1870).

Néanmoins, Gustave Claudin, parlant de Roqueplan vers 1860, écrit : « Il paradoxait à perte de
vue et se moquait de la garde nationale à cheval
ainsi que de ceux qui allaient à l'Opéra Comique. »

Or, à l'époque dont parle Claudin, Roqueplan
était précisément directeur de l'Opéra-Comique.
Étant donné son esprit paradoxal, il n'y a pas à
s'étonner qu'il se moquât aussi de la garde nationale à cheval, bien qu'en faisant partie.

Il fut, nous l'avons dit, un des signataires de la
protestation contre les ordonnances de Charles X.

Tous ceux qui avaient adhéré à cette protestation furent décorés de Juillet.

On leur décerna un ruban tricolore, qu'un arrêté

ministériel les autorisa ensuite à échanger contre
celui de la Légion d'Honneur.

« Ce fut d'abord, écrit Villemessant, à qui ne
ferait pas le premier pas pour obtenir cette faveur
de la nouvelle monarchie, mais on se raisonna :
on se dit qu'après tout on n'avait pas à faire à un
tyran, on vanta son libéralisme, et on demanda la
fameuse croix. Roqueplan fut un des premiers à
faire la démarche, il arbora le ruban rouge et les
autres firent comme lui. »

Peu de temps après 1830, le premier *Figaro*
changeait de direction, Lautour-Mézeray le prenait
mais ne parvenait pas à le sauver du naufrage en
attendant sa résurrection par Villemessant en
1854. Quant à Nestor Roqueplan, déjà coté comme
journaliste, il ne devait pas être embarrassé pour
faire son chemin.

Voilà donc Nestor Roqueplan décoré à vingt-
cinq ans, le voilà lancé dans la politique. Il aurait
pu s'y faire un nom s'il l'avait voulu. Ses amis,
Bohain, Romieu et Lautour-Mézeray sont bien
devenus préfets ! Mais Roqueplan s'occupe précisément à ce moment de lancer la mode du galon
de soie sur la couture du pantalon ! C'est qu'il
tient avant tout à sa réputation de dandy. « Quand
je dois essayer un habit neuf je ne dors pas de la
nuit », disait-il.

Fort intelligent, et plus sérieux dans le fond
qu'il ne le paraissait, il mettait un peu d'affecta-
tion dans l'importance qu'il attachait aux choses
de la mode.

« Il était petit, dit Alphonse Karr, bien pris dans
sa taille, d'une assez jolie figure, très soigné dans
tous les détails de sa toilette. »

Parisien dans l'âme, il ne comprenait pas qu'on
pût vivre à la campagne.

Auber partageait avec lui cette horreur de la
campagne.

Roqueplan prétendait qu'il ne quittait jamais
Paris parce que la campagne, disait-il, « c'est bon
pour les petits oiseaux », et que, en pleine canicule, on ne trouve nulle part autant de fraîcheur
qu'autour du bassin du Palais-Royal.

Mais, poussé sans doute par son amour du paradoxe, il émettait parfois des théories qui dépassaient sa pensée.

Peu de temps après qu'il eut reçu le ruban
rouge, il n'est question, sur le boulevard, que de
son duel avec le colonel Gallois.

Villemessant, auquel nous empruntons les
détails de cette affaire, dit que c'est sans doute la
plume agressive de Nestor qui la lui attira.

Ceci se passait au mois d'août 1833.

Le colonel Gallois, républicain farouche, s'était
vanté d'arracher le ruban de Roqueplan.

Celui-ci, prévenu de la chose, fit savoir au
colonel qu'il se rendrait au foyer de l'Opéra-
Comique, afin de lui faciliter l'accomplissement de
son projet.

En effet, le soir du 11 août, pendant le spectacle,
Roqueplan, apercevant le colonel Gallois, se plaça
droit devant lui, le regarda bien en face et lui dit :
« Il s'agit maintenant de tenir votre promesse. »

Le colonel fit un mouvement, les témoins intervinrent, les cartes furent échangées et une rencontre fut décidée pour le lendemain.

Esther Guimond, cette « lionne » célèbre, amie de Roqueplan, et dont il sera question plus loin, était présente à cette scène, si nous en croyons certains chroniqueurs.

Sans être de première force, Roqueplan tirait assez bien l'épée qu'il avait travaillée avec le célèbre maître d'armes Gâtechair. Les deux adversaires se blessèrent.

De 1832 à 1840, Roqueplan écrivit aussi dans la *Revue de Paris*, fondée dès 1829 par le Dr Véron.

Cependant, le *Figaro* vient de sombrer entre les mains de Lautour-Mézeray, et Roqueplan fonde alors avec Malitourne et le Dr Véron la *Charte de 1830*, organe officieux du ministère Guizot, qui parut le 27 septembre 1836 et dura jusqu'au 11 juillet 1838.

Ce journal quotidien était surtout un organe d'informations.

Les articles n'étaient pas signés, seul le nom de Nestor Roqueplan figurait à la fin de chaque numéro.

Quel singulier journal ! Dans la salle de rédaction, située 17 *bis*, rue des Saints-Pères, se retrouvent, avec les trois directeurs, Édouard Thierry, plus tard administrateur de la Comédie-Française, Waleski, Edmond Texier, Édouard Ourliac, Gérard de Nerval, Théophile Gautier, le comte de Montguyon, d'Alton-Shée et le marquis de la Valette.

On s'amusait plus qu'on ne travaillait dans cette salle de rédaction : « Si l'on y causait beaucoup, on n'y écrivait guère », constate M. Jacques Boulenger (*Les Dandys*, p. 137).

C'est là qu'on inventa les plus célèbres « canards » de l'époque : le brigand Schubry, Gaspard Hauser, la mère de Mlle Nau, sauvant en Amérique, sur la corde, au milieu d'un incendie, deux jumeaux qu'elle rapportait à chaque bout de son balancier.

Le journal est fait, en réalité, par un ancien Saint-Simonien que Roqueplan a surnommé « le nègre de la rédaction ».

Il reçoit cent francs par mois pour ce travail, mais le journal qui doit paraître le soir n'est distribué que le matin. Nestor demandait s'il ne vaudrait pas mieux transformer la *Charte* en journal du matin. — « Non, dit M. Guizot, en ce cas, elle ne paraîtrait plus que le soir. »

Le journal est sérieusement subventionné par le ministère et c'est là toute sa raison d'être. Quant aux lecteurs, les rédacteurs semblent peu s'en soucier : la même composition sert à plusieurs numéros, et le plus souvent on se contente de changer la date du journal pour toucher les fonds à la caisse du ministère.

Nous avons dit que Roqueplan avait fondé *La Charte* avec le Dr Véron et Armand Malitourne. Le Dr Véron, qui dirigea l'Opéra de 1831 à 1835, après avoir été médecin des musées royaux, est un personnage trop connu pour que nous en esquissions le portrait après tant d'autres.

Médecin, il inventa la pâte Regnault ; journaliste, il fonda la *Revue de Paris*, dirigea le *Constitutionnel* ; directeur de l'Opéra, il y fit représenter *Guillaume Tell*, *La Juive* et *Robert-le-Diable*.

Il publia les *Mémoires d'un bourgeois de Paris* et les *Mémoires de Bilboquet*. Il était aussi fort gastronome, ainsi que nous le verrons plus loin, et sa cuisinière, Sophie, est restée célèbre.

Armand Malitourne, à la face couperosée, était un journaliste étrange : il détestait écrire, en revanche, il aimait boire !

Bientôt, les directeurs de la *Charte* revendent leur journal. Achille Brindeau l'achète et change le titre : la *Charte* devient *Le Messager* mais Roqueplan n'y écrit plus.

Si nous en croyons Villemessant, Roqueplan aurait été également directeur de *La Charge*, journal satirique hebdomadaire illustré, subventionné par le ministère Guizot.

Les bureaux étaient situés 55, quai des Grands-Augustins : là où est aujourd'hui la maison d'édition Gauthier-Villars. Le journal, imprimé sur papier rose, paraissait tous les dimanches.

Là non plus les articles n'étaient pas signés. Ils n'en étaient que plus mordants.

Nestor Roqueplan y collaborait certainement, témoin le numéro du 14 octobre 1832 où le rédacteur anonyme des échos intitulés « Méli-Mélo » se livre à un « éreintement » en règle des *Contes fantastiques* de Jules Janin qui venaient de paraître.

Étant donnée l'animosité qui divisait Janin et

Roqueplan, il est facile de reconnaître l'esprit mordant de celui-ci dans ces lignes :

« *Les Contes fantastisques* de M. Jules Janin ont aussi paru. Les femmes se pâment d'aise rien qu'en voyant la couverture.

« Il paraît décidé que nous ne sommes plus que de grands enfants et que les écrivains du siècle ne s'appliquent plus qu'à faire des contes à notre usage. »

La diatribe continue dans le numéro suivant.

C'est ensuite au tour de Victor Hugo d'être pris à partie, et très violemment, au sujet de ses drames qualifiés d'immoraux. D'ailleurs le rédacteur théâtral de *La Charge* fait preuve de beaucoup de pruderie dans ses comptes rendus.

Il est certaines pièces qu'il traite de « salope ries ».

En 1832 ! Depuis, le théâtre a fait du chemin !

La Charge parut tous les dimanches du 7 octobre 1832 au 9 février 1834, puis, comme tant d'autres journaux, elle sombra dans l'oubli.

Peut-être Nestor Roqueplan a-t-il aussi collaboré au *Corsaire*, autre petit journal de ce temps, un journal « rosse » dirait-on aujourd'hui, et dans lequel on peut lire (15 janvier 1833) un « éreintement» en règle des œuvres de Jules Janin.

Ces feuilles de la Restauration comme le premier *Figaro*, la *Charge* et la *Charte* peignent toute une époque.

Parmi les jeunes gens qui les rédigeaient, beaucoup sont bien oubliés aujourd'hui. D'autres ont produit des chefs-d'œuvre littéraires qui devaient les rendre à jamais célèbres.

Ils déployaient dans ces journaux où s'exerçaient leurs talents naissants, une verve et un esprit d'autant plus grands qu'en raison de la censure, ils étaient tenus à des sous-entendus, à des allusions qui, précisément, étaient un excellent exercice pour leur esprit.

D'ailleurs des hommes tels que Véron, Bohain, Roqueplan, et surtout Émile de Girardin, journalistes de race, si nous osons dire, n'entrevoyaient-ils pas l'importance toujours croissante que la presse allait prendre dans notre existence moderne?

LES VARIÉTÉS (1841-1847)

En même temps qu'il publiait les *Nouvelles à la Main*, Nestor Roqueplan dirigeait les Variétés.

« Il était à l'apogée de sa gloire boulevardière. On ne s'imagine pas comme il jouait alors à la grâce et à la désinvolture, tout habillé à la mode de demain, tout parfumé d'aromes »[1], conte Arsène Houssaye dans ses *Confessions*.

Depuis longtemps déjà il rêvait de se voir à la tête d'un théâtre, mais quel étrange directeur !

1. Arsène Houssaye, *Confessions*, t. IV, p. 302, et J. Boulenger, *Op. cit.*, pp. 150 et 151.

« Ne se préoccuper de rien, laisser les choses s'arranger toutes seules », telle semblait être sa devise.

Les Variétés furent le premier théâtre qu'il dirigea effectivement.

Il avait eu des intérêts dans celui des Nouveautés de la place de la Bourse au moment où ses amis Bohain et Bossange en avaient la direction — vers 1830 —, mais le nom de Roqueplan ne figure pas dans la liste des directeurs que nous donne M. L. Henry Lecomte [1].

Nous y lisons : « 1er août 1829 : Théaulon passe la main à Adolphe Bossange, fils d'un libraire parisien, associé avec Bohain. » Puis : « 1831 : Langlois, ancien directeur, revient. » « 16 février 1832 : faillite. Langlois dépose son bilan. »

Ce théâtre des Nouveautés avait été inauguré en 1827 dans la salle Feydeau qui, depuis, abrita le Vaudeville [2].

Il est probable, contrairement à ce qu'on a souvent dit, que Roqueplan n'a jamais dirigé non plus le théâtre du Panthéon établi dans l'ancienne église Saint-Benoît, dont la construction datait de 1520.

Ouvert le 18 mars 1832 sous la direction d'Éric Bernard, ce théâtre ferma en 1845.

« Transformer une église en théâtre était une profanation », dit Texier [3].

---

1. *Histoire des théâtres de Paris*, Les Nouveautés, Paris, in-8, 1907, p. 95.

2. La salle avait coûté 3 467 000 francs. Elle fut vendue 1 100 000 francs en 1832. Jolie opération pour les commanditaires.

3. *Tableau de Paris*, Paris, 1852, 2 vol. in-4, t. 1, p. 125, col. 1.

Cliché Taffandier

LE THÉATRE DES VARIÉTÉS
d'après Lowry

PI. — VI.

Le fait est que ce théâtre du Panthéon végéta pendant treize ans au milieu des chutes et des faillites.

Il devait se trouver rue du Cimetière-Saint-Benoît, voie très courte qui joint la rue Saint-Jacques à la rue Fromentel où elle aboutit par un escalier. Cette rue est bordée maintenant, d'un côté, par les nouveaux bâtiments du lycée Louis le Grand, de l'autre par le Collège de France. On n'y voit trace ni de théâtre ni d'église.

Roqueplan ne fut pas plus directeur du théâtre de la Porte-Saint-Antoine (depuis théâtre Beaumarchais) qu'il ne l'avait été des Nouveautés et du Panthéon ou plutôt, il ne dirigea la Porte-Saint-Antoine que... sur le papier et avant même que la salle ne fût construite.

Voici en effet ce que nous lisons dans le *Constitutionnel* du 28 février 1835 (rubrique théâtrale) :

« M. Nestor Roqueplan, ex-directeur du *Figaro*, vient, dit-on, d'obtenir le privilège d'un nouveau théâtre qui serait établi place de la Bastille. »

Or le même journal publiait le 24 mars l'information suivante :

« M. Nestor Roqueplan, ancien gérant du journal *Le Figaro*, à qui M. Thiers a concédé dernièrement le privilège d'un théâtre qui doit s'ériger place de la Bastille, vient de céder ce privilège à MM. de Villeneuve, auteur dramatique, Joly, rédacteur d'un journal de théâtre, et Henri de Tully, l'un des propriétaires du théâtre Bobino.

« On assure que le projet de ces messieurs est de faire exploiter les deux entreprises par le même personnel (le théâtre Bobino, officiellement théâtre du Luxembourg et celui de la Porte-Saint-Antoine). Il y aura un omnibus dramatique chargé spécialement de voiturer les comédiens de la place de la Bastille au faubourg Saint-Germain. »

Roqueplan avait donc cédé sa part de directeur avant même que le théâtre de la Porte-Saint-Antoine ne fût construit.

Élevée en deux mois, 25, boulevard Beaumarchais, non loin de la place de la Bastille, la nouvelle salle fut inaugurée le 1er décembre 1835 par un drame de Méry : *La bataille de Toulouse*, qui obtint un certain succès, mais, nous dit Texier[1], « La Victoire, femme volage, a déserté depuis le théâtre avec armes et bagages.

« Plus tard, Saint-Antoine, repris d'une nouvelle tentation, se mit sous l'invocation du plus spirituel des auteurs dramatiques et des horlogers, il s'appela « théâtre Beaumarchais », mais l'ombre de Figaro n'a pas protégé cette scène qui a pourtant fourni deux actrices piquantes aux théâtres de vaudevilles, Mlles Scrivaneck et Boisgontier, et qui pour le quart d'heure est veuve d'actionnaires, de directeurs, d'acteurs, d'actrices et de public. »

Le théâtre Beaumarchais, devenu simple scène de quartier, subsista cependant jusque vers 1892, et fut alors démoli pour faire place à une maison de rapport.

C'est en 1841 que Nestor Roqueplan acheta la direction du théâtre des Variétés à MM. Leroy,

---

1. *Op. cit*, t. I, p. 122, col. 3.

Opigès et Jousselin de Lassalle. Holinski s'était chargé de constituer sa commandite.

La succession était fort embarrassée, car les anciens directeurs ne laissaient que des dettes.

Or, après deux ans d'exercice, Roqueplan était loin d'avoir fait prospérer ce théâtre, et cependant : « Au théâtre des Variétés, on rit, on rit toujours, c'est le meilleur de tous les partis », lit-on dans *La Mode* (25 novembre 1842).

Décidé à tout pour faire recette, Nestor Roqueplan se mit à la recherche d'une « étoile » qu'il paierait n'importe quel prix, mais, selon lui, c'était le seul moyen d'attirer la foule à son théâtre.

Il lui fallait une vedette, il tourna les yeux vers Bouffé qui brillait alors d'un vif éclat au Gymnase et dont l'engagement devait expirer au bout de six mois.

Cet engagement, Bouffé en publie le texte dans ses *Souvenirs* [1], en même temps que le récit détaillé de toutes les créations qu'il fit boulevard Montmartre.

Bouffé, dans ses mémoires, se révèle comme un très brave homme, un cœur excellent et modeste. Ses *Souvenirs* sont, sous ce rapport, bien différents de tant d'autres publiés par des artistes célèbres mais aveuglés par l'orgueil.

L'auteur sait se rendre sympathique à ses lecteurs, ce qui a son importance.

Il fait le plus grand éloge de Roqueplan auquel

1. *Mes souvenirs* 1800-1880, Paris, 1880, pp. 216 à 230. Ses appointements aux Variétés furent de mille francs par mois plus cinquante francs par représentation.

il a conservé une grande reconnaissance, il insiste beaucoup sur le caractère tout de bonté de l'excellent Nestor.

Ce n'est d'ailleurs que justice de sa part, car si l'acteur contribua à faire la fortune du directeur — du moins aux Variétés — le directeur fit bien un peu aussi celle de l'artiste.

Bouffé avait débuté aux Nouvéautés de la place de la Bourse, le 25 mai 1827, dans le rôle de Julien du *Débutant*, pièce d'Étienne Arago, et dans celui de Jacques du *Jeu de cache-cache* d'Achille Dartois.

Passé ensuite au Gymnase, sous la direction de Poirson, il obtint de grands succès dans les rôles dramatiques.

Bouffé débuta aux Variétés, le 5 novembre 1843, dans le *Gamin de Paris*, comédie-vaudeville de Van der Bruch et Bayard, qu'il avait créée au Gymnase en 1836.

Il y eut quelques difficultés dues sans doute à la jalousie que le « nouveau » devait inévitablement susciter par son arrivée dans d'aussi belles conditions parmi l'ancienne troupe du théâtre. Lafont refusait de jouer le rôle du général.

Il fallut lui faire un engagement de cinq ans avec augmentation d'appointements pour le décider.

Les choristes se plaignirent aussi de ne pas être assez payés : Roqueplan résolut de les augmenter de quinze francs par mois, et comme ils se disposaient à remercier leur directeur : « Ce n'est pas moi que vous devez remercier, leur répondit Roqueplan, c'est à M. Bouffé que vous devez cette augmentation. »

Il est certain que l'entrée de Bouffé aux Variétés, avec des appointements fabuleux pour l'époque, contribua beaucoup à la fortune de la salle du boulevard Montmartre, et à faire d'une scène de second ordre un théâtre à la mode ; mais après le départ de Roqueplan, des jours néfastes se montrèrent de nouveau et ce ne fut que sous le Second Empire, alors que les frères Cognard les dirigeaient, que les Variétés connurent leur plus grande vogue, beaucoup grâce aux célèbres opérettes d'Offenbach.

Il est de fait, cependant, que, du temps de Roqueplan, les Variétés étaient déjà fréquentées par un public élégant, si nous en croyons Mme de Girardin qui, le 20 avril 1844, écrivait :

« Mais où sont donc les jolies femmes, les femmes bien mises, d'une élégance irréprochable ? A quel théâtre les voit-on ? On les voit aux Variétés ; là sont réunies les femmes vraiment jolies, aux manières distinguées, à la taille svelte et gracieuse. Sous de charmantes capotes de crêpe blanc, sous de légers chapeaux de paille, se cachent les regards les plus doux, les traits les plus fins. Ce sont de ravissantes beautés de keapsake, des physionomies de roman, des chevelures ossianiques, des pâleurs byroniennes, un mélange délicieux de fragilité et de fraîcheur, de mélancolie et de jeunesse à troubler la plus robuste raison.

« Quel est le monde de ces femmes ? On voit bien tout de suite, à leur tournure, que ce sont des femmes comme il faut. »

Puis Mme de Girardin reconnaît que ce ne sont

pas des femmes du monde, mais elles s'habillent comme telles et l'on s'y méprendrait.

Bouffé, acteur honnête et scrupuleux, songea que s'il lui arrivait un accident ou s'il tombait malade, son directeur se trouverait dans une situation fort embarrassée.

Il eut alors l'idée de conseiller à Roqueplan d'engager Déjazet « pour faire contrepoids ».

« Déjazet est libre, lui dit-il, elle est à Bruxelles où elle termine ses représentations ; si j'étais à votre place, je l'engagerais sans tarder

— Déjazet ! répondit Roqueplan, mais cela n'a plus cours à la Bourse ! (La célèbre comédienne avait alors quarante-huit ans.)

« Combien il se trompait, ce cher ami », écrit Bouffé dans ses *Mémoires*, et pourtant, ce fut presque malgré lui qu'il consentit au départ de son beau-frère Henriot pour Bruxelles où fut conclu l'engagement de Déjazet à des conditions magnifiques, mais il y a un proverbe qui dit : « On ne paye jamais trop cher la bonne marchandise. »

Déjazet débuta aux Variétés, le 24 février 1845, par une brillante reprise des *Premières armes de Richelieu*, vaudeville en deux actes de Bayard et Dumanoir.

Le spectacle avait commencé à cinq heures trois quarts. La représentation était donnée au bénéfice de Bouffé.

Elle commença par *Le dîner de la Madelon*, vaudeville en un acte de Désaugiers. Vint ensuite *Le père Turlututu*, un acte de Davesne, joué par

Bouffé, Dussert, etc., puis une fantaisie : *Phèdre,*
tragédie racontée par Odry, *La Basquaise,* par
Fusch et Mlle Bertin, enfin les *Premières armes de
Richelieu,* où Déjazet avait comme partenaires :
Mmes Thibaut, Judith, Valence et Boisgontier et
MM. Lafont, Neuville, Amédée, Lenaud, Arthur
et Ernest.

Vint ensuite *Le Gamin de Paris*, deux actes
de Bayard et Van den Bruck, joués par Lafont,
Bouffé, Lepeintre, Renaud et Mmes Paul Ernest,
Jolivet et Flore ; enfin, pour finir, la polka *Le pas
de la sylphide,* dansée par Hoffman et Neuville, et
un quadrille dans lequel figuraient tous les artistes
du théâtre ; puis, M. Cavallo, pianiste, exécuta
plusieurs morceaux de sa composition. Programme
plutôt chargé, comme on le voit.

Le 16 mars de la même année, dans *Gentil
Bernard*, vaudeville de Dumanoir et Clairville,
Déjazet obtenait un de ses plus grands succès.

« Elle possédait au plus haut degré, dit Bouffé,
le charme, l'esprit, la distinction, lançant le mot,
souvent leste et même un peu croustillant, avec
un tact, une finesse, je dirai même une pudeur que
n'apportent pas toujours nos reines d'opérette,
mais sa voix de tête lui nuisait quand arrivait la
tirade. »

Déjazet était la « poule aux œufs d'or » de Roqueplan. « Oui, disait-elle, je suis l'enfant gâté du
public, un vieil enfant, si vous voulez, mais qu'il
a la bonté de trouver toujours jeune, ce dont je
lui suis très reconnaissante. »

La présence de Déjazet aux Variétés fut donc un

talisman pour ce théâtre. Chacune de ses créations fit courir tout Paris.

« Aller de Bouffé à Déjazet et revenir de Déjazet à Bouffé ; voilà pour les Variétés le chemin de la fortune », lit-on dans *La Mode* (15 avril 1845), et, du même journal, le 5 octobre de la même année :

« Le théâtre des Variétés possède Déjazet, cette vieille poule aux œufs d'or qu'il faut bien se garder d'éventrer en lui demandant plus qu'elle ne peut donner ; il a aussi Bouffé, le joyau de cette comédie fine dont le charme et les émotions, sans viser trop haut, vont droit au cœur et à l'esprit.

« Le succès est toujours là, proche et facile, il ne s'agit que de savoir le prendre ; un peu de prestesse est pour cela nécessaire, et puis il faut, afin de mieux tenir ce qu'elle saisit, que la main qui le dirige ôte quelquefois son gant jaune. »

Ce dernier trait est une allusion à la mise élégante de Roqueplan. Les dandys d'alors étaient d'ailleurs souvent appelés les « gants jaunes ».

*
* *

Le 5 juillet 1845, le journal *L'Entr'acte* publiait un amusant article intitulé « Cinquante-neuf lorettes », et qui débutait ainsi :

« Depuis huit jours, M. Nestor Roqueplan est passé à l'état de berger Pâris. Ce n'est pas qu'il ait rencontré Vénus, Junon ou Minerve, mais il se débat au milieu d'une foule de Paquita et d'une innombrable quantité de Fanny. »

Roqueplan cherchait des jeunes filles ou jeunes

femmes de dix-sept ans au moins et vingt-quatre
au plus : leur taille importait aussi, mais elle pouvait varier « depuis le niveau de Mlle Flore jusqu'à la hauteur de Mlle Thibaut. Au-dessus et au-
dessous, elles ne seront pas admises au concours. »

Enfin, peu importait qu'elles fussent blondes
ou brunes, « mais il ne faut pas que les brunes
soient noires et que les blondes soient jaunes ».

Les candidates devaient avoir la taille fine, de
petits pieds et savoir fumer ; quant à leur embon-
point, il devait être compris entre celui de Mlle Déjazet et celui de Mme Bressant.

Les jeunes filles, les femmes mariées et les veuves
étaient admises au même titre, et peu importait
leur nationalité, à la condition qu'elles fussent
parisiennes d'esprit. On ne leur demandait pas de
savoir l'orthographe, mais, en revanche, d'avoir
de belles dents.

De quoi s'agissait-il donc ? Tout simplement
de recruter des figurantes pour un vaudeville en
un acte de Ménesville et Clairville, intitulé : *Le
premier souper de Louis XV*.

Aussi, quelle agitation dans le monde des
lorettes !

« Toutes les pensionnaires de M. Mabille ont
pris le chemin des Variétés. La Nouvelle Athènes
danse sur un volcan.

« La place Saint-Georges se ruine en cosméti-
ques.

« Il s'agit de figurer dans le *Souper* ou de n'y
pas figurer. »

L'Entr'acte ajoute que Nestor Roqueplan est

triste et la cause de sa tristesse est de voir le nombre énorme de candidates qui se présentent à son théâtre :

« L'œil est un trompeur, disait-il ; que d'appelées pour cinquante-neuf élues ! »

L'empressement des lorettes à se rendre à la convocation du directeur s'expliquait. Ne leur avait-on pas dit : « Mesdemoiselles, il y aura des princes russes ! »

La nouvelle en était vite répandue et « de la barrière Blanche à la rue Bourdaloue, les lorettes se sont levées comme une seule femme ».

L'Entr'acte ajoute : « Si Pétersbourg est à l'orchestre le jour de la première représentation du *Souper*, Londres sera aux avant-scènes et Madrid au balcon.

« Quant à M. Nestor Roqueplan, il aura le droit de se reposer. »

La première eut lieu le lundi 21 juillet ; la pièce était jouée par Neuville, Dussert, Olivier, Ernest, Charrier, et par Mmes Pitron, Paul Ernest, Grave, Victorine, Adeline, Morel Julia, Charlotte, etc.

Les cinquante-neuf femmes promises étaient en travestis. Elles personnifiaient Louis XV, Lauzun, Choiseul, Roquelaure, Cossé d'Entragues, etc.

La pièce se joua jusqu'au 15 août.

Signalons, la même année, le début, aux Variétés, d'un chien qu'on appelait Émile, mais qui, le premier soir, par émotion sans doute, s'oublia et ... empesta la salle de fâcheuse façon.

Avant Bouffé et Déjazet, les Variétés avaient compté dans leur troupe, au moins pendant quel-

que temps, une divette fort connue à l'époque,
Alice Ozy, que le Vaudeville avait prêtée aux
Variétés en décembre 1843, pour créer une revue
d'Ennery et Clairville intitulée : *Vl'à ce qui vient
a'paraître*. Elle y personnifiait l'avenir et portait
pour ce rôle une couronne, une rivière, une châ-
telaine et des épis, le tout en diamants.

Mais ce furent Bouffé et Déjazet qui firent faire
ses plus belles recettes à Roqueplan.

Cependant, quel étrange directeur ! Son unique
préoccupation était d'éviter que les auteurs lui
lussent leurs pièces. On n'a pas idée des ruses qu'il
déployaït parfois pour fuir les malheureux qui le
poursuivaient, leur manuscrit sous le bras.

Les journaux de l'époque ont souvent relaté
l'anecdote de ce vaudevilliste qui, après plusieurs
démarches infructueuses, parvint à surprendre le
directeur des Variétés dans son cabinet. « Mettez-
vous dans ce fauteuil, lui dit Nestor, en apparence
résigné à son sort. Pendant que vous lirez, je
m'étendrai derrière ces rideaux, sur le divan qui
est au fond de l'alcôve, je ne puis écouter attenti-
vement sans cela. Allez... »

Et le jeune homme ravi commence sa lecture.

Intimidé d'abord, peu à peu il s'échauffe : il
imite la voix des acteurs, ébauche les gestes de
ses personnages, gesticule avec ardeur devant le
divan... Déjà trois actes se sont écoulés sans que
Nestor ait prononcé une parole. Un peu surpris
l'auteur soulève le rideau... et il aperçoit Roqueplan qui, s'étant enfui dès le début de la lecture
par une porte dissimulée au fond de l'alcôve,

cause paisiblement sur le théâtre au milieu d'un groupe d'amis.

D'ailleurs l'étonnant directeur ne s'en tirait pas toujours à si bon compte. Durant un été, il s'était, en dépit de son horreur pour la campagne, établi à Auteuil où il passait son temps à se plaindre du vent, des insectes, de la poussière et du soleil, à fumer et à lancer des épigrammes.

Or, un après-midi qu'il faisait tranquillement sa sieste à l'ombre d'un gros arbre, il se sent saisi tout à coup par quatre bras vigoureux ; en un instant il est ligotté et attaché par le milieu du corps ; il lève les yeux sur ses agresseurs et qui reconnaît-il ? les vaudevillistes Siraudin et Dumanoir, armés d'un manuscrit, qui s'installent en face de lui, et commencent à lui lire tranquillement la *Vendetta*.

Ils n'avaient pas achevé la première scène que Roqueplan demandait miséricorde, jurant de signer un traité le lendemain. « Nous avons songé à tout », déclare imperturbablement Siraudin et il sort de sa poche un traité tout préparé que le captif paraphe sur l'heure. Quelques mois après, la pièce remportait un gros succès, et Nestor disait à ses amis : « N'est-ce pas que j'ai eu du flair pour la *Vendetta* ? »

Certain jour, Siraudin et Lafargue dressent une échelle double sous sa fenêtre, apparaissent au sommet et commencent leur lecture à Roqueplan en train de se faire la barbe : « C'est convenu, je vous reçois, ne me faites pas couper », leur criat-il, le menton tout ensavonné et sans vouloir entendre seulement un mot.

Cependant, Montigny venait de succéder à Poirson comme directeur du Gymnase, mais il lui arrivait souvent de se tromper dans le choix de ses pièces, et Nestor s'amusa bientôt à supputer les fours de son voisin.

Il annonçait parfois que Montigny n'en avait pas pour trois mois. Cependant, le trimestre s'écoulait et Montigny restait au Gymnase. Enfin la prophétie se trouva si bien démentie, que, finalement, les rieurs se tournèrent contre le prophète. Alors, Roqueplan inventa la légende du prisonnier de M. Montigny.

Ce prisonnier était, d'après lui, enfermé par Montigny dans la cave du Gymnase, et chaque fois que le trimestre se soldait en perte, le directeur descendait furieux à la cave, se précipitait sur son prisonnier qui était un riche capitaliste et le secouait jusqu'à ce qu'il ait fait tomber cent mille écus.

Villemessant raconte aussi que Roqueplan aurait inventé : « l'invalide qui faisait les pièces de d'Ennery moyennant trois francs par jour et la nourriture ».

C'est à la même époque qu'on imagina la légende d'un forçat qui, retiré dans les carrières de Montmartre, écrivit la part de collaboration d'un vaudevilliste nommé Gabriel, qui comptait un grand succès dans ses œuvres : *Victorine ou la nuit porte conseil.*

Nous devons à la vérité de dire que Roqueplan fut l'inventeur des pièces dites à femmes, « faites pour faciliter, dit Villemessant, l'accès de la scène à de candides jeunes filles connues dans les coulisses sous le nom de *grues*.

« Elles ne disent jamais plus d'un mot ni plus d'un vers de couplet. »

« Je me souviens, ajoute Villemessant, que, me promenant un jour avec un de mes amis, grand coureur de théâtres, l'une d'elles vint à lui et lui dit, avec les marques du plus violent dépit: « Je quitte les Variétés parce que Roqueplan veut m'augmenter.

— Eh bien, mais vous devriez être enchantée, lui dis-je avec étonnement.

— Comment, monsieur, fit l'ingénue indignée, je lui donnais soixante francs par mois et il m'en demande cent maintenant ! »

Roqueplan avait innové ce système qui consiste à faire payer les actrices encore peu connues mais jolies, qui servaient ainsi de publicité pour le théâtre.

Il faut dire, à la louange de Roqueplan, que, tant qu'il fut directeur, il maintint autant que possible le respect de la langue dans les pièces qu'il fit représenter sur son théâtre.

En même temps que Bouffé et Déjazet, Roqueplan produisit aux Variétés plusieurs artistes de renom. Citons entre autres : Parey, Hoffmann, Mmes Judith, de la Comédie Française, et Paul Ernest.

« Il avait su, dit Villemessant, relever la fortune des Variétés et, en dehors même de la bonne composition d'une troupe homogène et des succès du répertoire, créer par son influence personnelle et ses relations étendues, une clientèle d'élite à ce théâtre.

« Ce fut sous son règne que le foyer des artistes
devint le rendez-vous chaque soir de ce qui surna-
geait encore de charmants causeurs à Paris.

« Le maître de céans donnait le ton, mais
malheur à qui laissait fléchir un moment le
diapason de son esprit ! On en faisait sur-le-champ
un terrible exemple.

« Sur une banquette appelée le *banc des fours*,
on plaçait l'auteur du mot qui n'avait pas réussi.
On l'y faisait asseoir au milieu des huées, et il
devait occuper la sellette, bouche close, jusqu'à
ce qu'un de ses collègues, en se mettant dans le
même cas, eût mérité de prendre sa place.

« Plutôt que de s'asseoir sur le banc d'infamie,
Roqueplan eût mis le feu à son théâtre avec les
manuscrits de ses auteurs à succès. Que lui importait d'ailleurs ! Ses meilleures pièces ne furent-
elles pas toujours ses saillies, que l'occasion faisait
pétiller à coups pressés, et les vaudevillistes qu'il
semblait malmener, ne vivaient-ils pas, en défini-
tive, de la desserte de son esprit ; ils le savaient
bien ; aussi, lorsque le directeur avait le dos
tourné, ne se faisaient-ils pas faute de ramasser
et d'utiliser les éclats du bon mot qui venait de se
briser sur leur amour-propre.

« Un jour, feu Bayard, irrité, aborde Roqueplan
et lui demande pourquoi, sans motif, il a retiré
une de ses pièces de l'affiche. Le directeur n'avait
aucune bonne raison à alléguer pour excuser un
procédé insolite vis-à-vis d'un homme de talent,
et à moins d'un de ces mots audacieux... ce fut
justement celui qu'il eut la bonne fortune de ren-

contrer : — J'ai retiré votre ouvrage, mon cher Bayard, parce qu'il usait mes décors ! »

Dumersan, Dumanoir, Bayard, Mélesville, Gabriel, Brunswick, tous auteurs en vogue de l'époque, fréquentaient le foyer des artistes.

Odry, retiré du théâtre depuis quelque temps, y venait parfois. C'est de lui qu'on avait dit : « Si vous avez le spleen, prenez quelques doses d'eau de riz (d'Odry) et vous êtes certain de votre guérison. »

Brunet, ancien acteur, et qui fut le premier directeur des Variétés en 1807, venait aussi, malgré ses quatre-vingts ans, passer un moment au foyer de son ancien théâtre.

Cet acteur poussa jusqu'à l'extrême la conscience professionnelle. Il s'habillait des pieds à la tête, rien que pour jouer un rôle dans la coulisse.

Citons encore, parmi les habitués du foyer, Lepeintre aîné, artiste de talent qui, ruiné, devait finir ses jours comme garçon dans un hôtel de la rue Monsigny.

Citons encore Romieu, le joyeux préfet, et Henri Monnier...

Sous la direction de Roqueplan, les Variétés firent de cent quinze à cent trente mille francs de recette par an.

Malgré les engagements exorbitants de Bouffé et de Déjazet, les frais ne s'élevèrent pas, au maximum, au delà de dix-sept cent vingt francs par jour. Du moins, tels sont les chiffres que donne Villemessant, mais ils nous semblent contestables, car, avec neuf mois d'exercice, ces frais s'élèveraient ainsi à 473 000 francs par an, d'où un déficit considérable, étant donné le prix modique des places à cette époque. Durant sa gestion, Roqueplan n'eut à soutenir qu'un seul procès au sujet d'un contrat antérieurement signé par Arnal, qu'il cherchait à retenir.

Par contre, il en fit un au journal *La France Théâtrale*. Ceci se passait en 1846. Entre les mois de mai et de juillet, ce journal avait publié des articles que Roqueplan jugea diffamatoires.

La France Théâtrale, non seulement critiquait fortement la gestion du théâtre des Variétés, mais s'en prenait à la personne même de son directeur.

« M. Roqueplan se propose, écrivait-elle, de se porter comme candidat à la députation à Pézenas, en remplacement de M. de Grasset.

« L'ambition qui vient de s'emparer tout à coup de M. le directeur des Variétés pourrait occasionner un changement d'administration dans ce théâtre, et, partant, la nouvelle que nous annonçons n'est pas sans intérêt pour nos lecteurs.

« Puisque M. Roqueplan, non content de faire parler des acteurs sur la scène, voudrait parler lui-même sur une autre scène, puisque, non content des comédies qu'il fait jouer, il veut en jouer lui-même, nous ne pouvons que l'encourager dans ses prétentions.

« Nous ne savons pas comment la Chambre s'accommoderait du succès de M. Nestor Roqueplan, mais, à coup sûr, le théâtre des Variétés ne s'en trouverait pas mal, car nous espérons bien que le nouveau député saurait bien occuper par la sagesse de

7

ses votes, se faire donner un poste plus élevé que celui qu'il occupe maintenant. »

En admettant même que Roqueplan n'ait jamais eu l'intention de se porter à la députation, il n'y a rien de bien méchant dans cet article.

Celui qui suit est plus dur pour le directeur des Variétés :

« Pauvre théâtre auquel il ne reste, pour passer l'été, que Mlle Marquet et son infime mérite. Une toute jeune personne, Mlle Lagier, débutera incessamment. Puisse cette enfant — elle a au plus treize ans — ne pas se gâter au contact de certains pensionnaires de ce théâtre ! »

Cette Mlle Marquet à laquelle la *France Théâtrale* fait allusion devait être tout spécialement protégée par Roqueplan, et on peut supposer que leurs relations se continuaient en dehors du théâtre, car, lorsque Roqueplan dirigera l'Opéra, nous trouverons Mlle Marquet parmi ses pensionnaires. Et cependant, d'après *La France Théâtrale*, elle n'avait guère de talent.

« Mlle Marquet, malgré son insuccès, joue chaque soir dans trois pièces. M. Nestor Roqueplan le permet. Incapacité directoriale. »

Et encore : « Mlle Marquet est guindée et maladroite. »

« Mlle Marquet est mignarde et disgracieuse. »

« Mlle Marquet est trop maigre. »

Et ainsi de suite presque à chaque numéro du journal.

Si Roqueplan éprouvait, mettons un sentiment, pour cette jeune fille, il y avait là de quoi l'irriter, mais ce n'est pas tout. *La France Théâtrale* s'acharne sur le pauvre Nestor.

« M. Roqueplan ferme son théâtre à tort et à travers.

« Il lui est arrivé de faire des recettes de cent mille francs par mois, puis il fait jouer devant des salles vides.

« Il devait fermer son théâtre sous prétexte de réparations.

« On ne répare rien et on ferme de nouveau. Tout cela montre la corde. M. Roqueplan ne voudra pas oublier que la corde casse quelquefois, même au théâtre des Saltimbanques. »

Nestor Roqueplan, estimant que le rédacteur de *La France Théâtrale* avait outrepassé les droits de la critique, intenta un procès au journal.

Nous avons eu la bonne fortune de trouver, à la bibliothèque de l'Opéra, une petite brochure relatant les débats de cet amusant procès.

L'auteur de la brochure débute par des commentaires qui ne sont guère favorables à Roqueplan :

« M. Nestor Roqueplan, ancien rédacteur au *Figaro*, directeur des Variétés, n'aime pas la critique, qui a si longtemps été, entre ses mains, une arme acérée.

« Les articles de *La France Théâtrale* l'importunent.

« Il veut réduire ce journal au silence, l'empêcher de s'occuper de son théâtre, de son administration, de son répertoire et de sa troupe... Il lui permet de parler de tout... excepté du théâtre des Variétés. »

Nestor Roqueplan réclamait à M. Albin Puech, propriétaire de *La France Théâtrale*, dix mille francs de dommages-intérêts pour réparation du préjudice porté à son honneur et à sa considération, l'insertion du jugement dans trois grands journaux ainsi qu'à la première page de *La France Théâtrale*.

« De plus, ajoute la brochure, le plaignant faisait appel à la vindicte publique, souhaitant au prévenu une peine proportionnée à son courroux, voire l'emprisonnement. »

Après plusieurs remises successives, le procès fut appelé à l'audience de la huitième chambre, présidée par M. d'Herbelot, le mercredi 20 janvier 1847.

M. Puech comparut seul. Roqueplan s'était fait représenter par son avoué.

Dans le nombreux auditoire, on remarquait un certain nombre d'avocats en robe, d'artistes et de curieux.

Me Henri Celliez, avocat de Roqueplan, déposa ses conclusions.

Il dit que si un journal a bien le droit de dire à un avocat : « Vous avez fait une mauvaise plaidoirie », à un médecin : « Vous avez fait une cure désastreuse » ou à un négociant : « Vous avez mal géré telle opération », ce même journal fait acte diffamatoire s'il dit à l'avocat : « Vous plaidez régulièrement très mal », au médecin : « Vous êtes un mauvais médecin » ou au négociant : « Vous n'entendez rien aux affaires. »

Me Auguste Avon, avocat de M. Puech, prit à son tour la parole.

Il traita Roqueplan de « parvenu de la petite presse et, comme tous les parvenus, converti à d'autres principes et d'autant plus ennemi du combat qu'il a plus souvent guerroyé ».

Il affirma que la *France Théâtrale* n'avait pas attaqué la vie privée de Roqueplan : « Qu'il ait personnellement avec les hommes et les dames de son théâtre tels procédés que bon lui semble, cela ne nous regarde pas. »

Sa plaidoirie fut très longue. Il entra dans tous les détails de la gestion des Variétés.

« S'il faut en croire certaines indiscrétions, la plupart des actrices auraient à peine les appointements nécessaires pour porter la plus simple toilette... pas assez pour vivre modestement...

« Et cependant on les voit, à la scène ou à la ville, épuisant toutes les recherches du luxe, couvertes de diamants, ruisselantes de parures. C'est bien à elles qu'on pourrait dire :

> Dans un lieu décoré de tout ce qui s'achète
> L'opulence a doré jusqu'à votre couchette.

M. Saillard, substitut du procureur du roi, demanda la condamnation de *La France Théâtrale*. Il dit qu'il y avait, dans les articles incriminés, la preuve évidente de nuire à la direction des Variétés, et il conclut à la condamnation de trois des articles et à l'innocence des autres.

Le président ordonna qu'il en serait délibéré en chambre du conseil.

Le tribunal se retira et l'audience fut suspendue pendant une heure.

A la reprise, le directeur de *La France Théâtrale* s'entendit condamner à cent francs d'amende, aux frais du procès pour tous dommages-intérêts, et à l'insertion du jugement dans un numéro de *La France Théâtrale* et dans un autre journal. Un seul article resta incriminé.

Condamnation plus que légère. Roqueplan était loin d'obtenir les dix mille francs de dommages-intérêts qu'il avait réclamés, mais il avait eu la satisfaction d'intenter un procès et nous croyons pouvoir affirmer qu'il y prenait certain plaisir.

Le jour de sa prise de possession directoriale des Variétés, Roqueplan, et c'est lui-même qui a raconté cette anecdote, se trouva, au coin d'une coulisse, en présence d'un monsieur qui lui dit: « Que viens-tu faire ici ?

— Je viens diriger cet établissement. Et toi ?

— Moi, je suis de la maison ; je vais jouer tout à l'heure le conseiller dans *Le Maître d'École.* »

C'était l'acteur Renaud, un de ses anciens camarades de collège.

Vers 1845, plus que jamais à la mode, le directeur des Variétés occupe la chronique des journaux élégants.

« Aux Variétés, le spirituel directeur, M. Nestor Roqueplan, écrit *La Mode,* le 25 décembre, fait tous les jours, à ce que l'on présume, avec Mlles Déjazet et Flore, de charmantes plaisanteries sur la plaque de Charles III que lui a rapportée de la cour d'Espagne M. Théophile Gautier. »

Nestor Roqueplan avait réussi, à force d'audace et d'habileté, à ramener le public aux Variétés.

« Mais, dit Villemessant, il connaissait trop bien la vie des théâtres pour ne pas savoir que c'est juste au moment où ils paraissent plus florissants qu'il faut se hâter de s'en défaire. »

C'est à ce moment que l'immeuble des Variétés fut acheté par un certain Bowes, fastueux anglais, renommé pour ses chevaux et pour les sommes considérables dont il fit usage pour restaurer le château de Louveciennes, ancienne demeure de Mme Dubarry.

L'acquisition des Variétés fut une opération désastreuse pour lui.

« M. Bowes a pris le théâtre des mains de Nestor Roqueplan, lisons-nous dans le *Figaro*[1], en payant à ce dernier une prime de deux cent quarante mille francs, de plus en gardant à sa charge une dette de soixante mille francs contractée envers Holinski, le principal commanditaire.

« Cette dette, dont les deux tiers avaient servi à racheter Bouffé au Gymnase, était remboursable sur la recette de chaque soir à raison de cinquante-six francs cinquante jusqu'au 26 mars 1855. »

En 1843, au moment de l'engagement de Bouffé, les Variétés se trouvaient en déficit de 160 000 francs.

Quatre ans plus tard, lors de sa démission, Roqueplan se retira ayant, de son propre aveu, gagné 500 000 francs[2].

Ce fut d'ailleurs le seul théâtre qui lui fit gagner de l'argent.

---

1. 18 mars 1855.
2. Bouffé. *op. cit.*, pp. 239 et sq.

Un de ceux qui eurent le plus de chagrin de la démission de Nestor Roqueplan comme directeur des Variétés fut, à coup sûr, le brave Bouffé. Son contrat ne devait finir qu'en 1851 et il pensait bien, quand il l'avait signé, que Roqueplan serait toujours son directeur quand arriverait cette époque.

M. Bowes prit donc les Variétés à la suite de Nestor Roqueplan, mais, sans doute conscient de son incompétence en matière théâtrale, il demanda à Morin, professeur de sa protégée, de les diriger en ses lieu et place.

Ce Morin ne sut pas conserver à la scène du boulevard Montmartre la prospérité qu'elle devait au directeur précédent, si bien que, le 18 novembre 1854, on pouvait lire dans le *Figaro* la note suivante : « Il est grandement question du retour de Roqueplan boulevard Montmartre. »

Mais jamais Nestor ne devait redevenir directeur des Variétés.

Du boulevard Montmartre, nous allons le suivre rue Le Peletier où il va être appelé par Louis-Philippe à diriger le grand Opéra.

L'ancien directeur du *Figaro* touchait alors à l'apogée de sa carrière.

L'ANCIEN OPÉRA

L'ancien Opéra était situé 12, rue Le Peletier, où se dressait la façade principale, et rue Drouot, où se trouvait l'entrée des artistes.

Il avait été construit sur l'emplacement de l'ancien hôtel de la Reynière.

Une immense marquise abritait le trottoir sur toute la longueur de la façade qui était ornée de huit statues d'un effet peu décoratif et que les badauds ne se privaient pas de plaisanter : « Il n'y a que huit muses à cette façade, disait l'un d'eux, quelle est donc celle qui manque ? — C'est celle de l'architecture », répondit un autre.

La salle, décorée dans le style Louis XVI avec un goût exquis, avait été recopiée sur celle de la place Louvois, dont la démolition fut ordonnée à la suite du meurtre du duc de Berry, par Louvel, en 1820.

« Comme il n'entrait que du bois dans sa construction, elle avait une sonorité remarquable », raconte, dans ses *Mémoires*, M. Charles Bocher qui fut longtemps le doyen des abonnés de l'Opéra.

« C'est, ajoute-t-il, comme le son d'un violon, me disait Gounod en faisant le geste d'en jouer ».

« ... L'aspect intérieur de la salle, dit le *Journal des Dames et de la Mode*, est or et blanc aux étages inférieurs, ensuite bleu et or jusqu'au plafond. Les corridors sont vastes, les escaliers très beaux, les dégagements nombreux et bien entendus.

« Le foyer public règne sur toute la longueur de la façade ; les peintures sont blanc mat et or ; les draperies croisées amarante et orange. Le foyer du chant et celui de la danse sont deux pièces d'une grande beauté.

« Dans l'une, les murs paraissent sonores ; dans l'autre, le plancher, en pente doucement inclinée vers une superbe glace qui va jusqu'en bas, est d'une élasticité parfaite. »

L'inauguration avait eu lieu le 16 août 1821 par une représentation des *Bayadères*, opéra de Jouy et Catel, et du *Retour de Zéphire*, ballet dont Steinhalt avait écrit la musique.

Cette salle, qui ne devait être que provisoire... mais le provisoire en France... avait été construite sur les dessins de l'architecte Debret, aidé de MM. Guerchy et Grignon. Elle contenait 1 095 places.

L'Opéra donne de nos jours quatre représentations par semaine, mais le spectacle du samedi
n'existe que depuis une trentaine d'années. Jadis,
l'Académie de Musique ne jouait que les lundi,
mercredi et vendredi, les trois autres jours de la
semaine étaient réservés au Théâtre Italien de la
place Ventadour, que la Banque de France occupe
aujourd'hui.

A la suite de la révolution de 1830, l'Opéra
s'était transformé en entreprise particulière, toujours avec subvention de l'État.

Cette subvention était alors de 810 000 francs,
dit Nérée Desabres [1], de 620 000 francs dont 20 000
étaient affectés au service des pensions, si nous
en croyons Castil-Blaze [2].

Le D* Véron avait été nommé directeur de
l'Opéra en 1830.

Cinq ans plus tard, après avoir réalisé une fortune de 900 000 francs, il céda sa place à Duponchel, un ancien orfèvre, qui, à son tour, passa la
main, en 1840 à Léon Pillet, ancien journaliste.
Un médecin, un orfèvre, un journaliste ! Tous les
métiers peuvent mener la direction de l'Opéra.

En 1847, Pillet se retira avec 513 000 francs de
dettes à la charge de ses successeurs, Duponchel
et Roqueplan.

Le gouvernement de Louis-Philippe prorogea le
privilège de dix années en faveur des nouveaux
directeurs.

1. *Deux siècles à l'Opéra* (1669-1868), Paris, 1868, p. 16.
2. *L'Académie Impériale de Musique de 1645 à 1855*, 2 vol., Paris.
1855, t. II, p. 278.

Quelque temps après la révolution de 1848, Duponchel se retira et Roqueplan resta seul jusqu'en 1854, époque à laquelle il donna sa démission.

C'était M. d'Aligre qui avait fourni le cautionnement à Léon Pillet, moyennant une inscription de rente sur l'État de 12 000 francs, dit Castil-Blaze[1].

Les nouveaux directeurs obtenaient donc, en mai 1847, la gestion de l'Opéra pour une période de dix ans.

« Quelle somme engagez-vous dans l'affaire ? demanda-t-on à Roqueplan.

— Moi ? Je n'ai pas un sou, répondit-il avec conviction.

— Mais l'argent que vous avez gagné aux Variétés ?

— Je le garde. »

Et il le garda[2].

Duponchel, le nouvel associé de Roqueplan était un bon vivant sans aucune prétention littéraire, mais c'était un homme de goût et rompu aux exigences de la scène.

Il laissait aux auteurs toute leur responsabilité et ne s'était jamais avisé de changer le dénouement d'une pièce, ni d'imposer un livret de sa composition à un musicien.

Charles de Boigne nous dit, à son sujet[3], que les directeurs-auteurs, même désintéressés, ne travaillant que pour la gloire ou l'amour, n'ont jamais réussi au théâtre, et, ajoute-t-il, « M. Du-

1. *Op. cit.*, même page.
2. Villemessant, *op. cit.*, p. 171.
3. *Petits mémoires de l'Opéra*, Paris, in-8, 1867, p. 118.

ponchel n'est point un Caton, ce n'est même pas une rosière, mais il ne s'est jamais laissé charmer par une de ses danseuses Armides qu'on appelle premiers sujets.

« Du moment où un directeur aime un premier sujet, il abdique, il sacrifie l'argent à l'amour.

« Un directeur amoureux finira toujours par se ruiner lui et le théâtre. »

Dans le cours de ses diverses directions, Duponchel fit toujours preuve d'initiative.

Il était, tout comme son associé, un habitué du boulevard et un joyeux compagnon.

Un jour de carnaval, la voiture dans laquelle il se trouvait avec des amis versa au coin du boulevard et de la chaussée d'Antin. « J'ai la jambe cassée ! » gémit Duponchel étendu sur la chaussée. Ses amis crurent à une plaisanterie et se mirent à rire. « J'ai la jambe cassée ! » répéta Duponchel qui, pour une fois, parlait sérieusement.

Il était myope, et, nous dit Charles de Boigne [1] : « il avait, grâce à son lorgnon, perdu toute illusion sur les visages flétris par l'abus du blanc, du rouge, du bleu et du cold-cream ».

La nouvelle direction avait tout à faire, tout à créer.

Il ne restait ni troupe, ni répertoire, rien pour le présent, rien dans l'avenir.

« La salle fut remise à neuf, on commence toujours par là. Des badigeonneurs, des doreurs, des tapissiers, ce n'était pas le plus difficile à trouver,

1. *Op. cit.,* p. 120.

mais des opéras, des ballets, des chanteurs et des chanteuses ! On se met à l'œuvre, Ogier, Obin, Gueymard sont engagés aux plus prochaines échéances. L'engagement de Roger déplait à Duprez qui reproche à la direction de nuire à sa carrière. Pauvre petit débutant[1] ! »

L'année suivante, l'Alboni est engagée, puis Cerrito et Saint-Léon, Carlotta Grisi et Mme Viardot. Une véritable épidémie de vedettes !

Les directeurs commandent le ballet : *Les filles de marbre*, livret, musique, décoration, costumes. Deux mois plus tard, les répétitions commencent.

Verdi consent à adapter sur des paroles françaises son opéra *Lombardi* qui devient la *Jérusalem*.

Ainsi c'est à Roqueplan et à Duponchel que revient l'honneur d'avoir appelé sur notre première scène lyrique le premier musicien que possédait alors l'Italie.

Lorsqu'on répétait *Jérusalem*, Roqueplan, apprenant qu'il y avait au troisième acte un chœur de croisés à cheval, s'écria « heureusement que seuls les cavaliers chantent ».

« Que voulez-vous dire ? lui demanda Duponchel.

— C'est que s'il y avait eu un seul chanteur à pied, répondit Roqueplan, au-dessous de notre enseigne : « Académie royale de musique », il ne nous restait plus qu'à écrire : « Ici on chante à pied et « à cheval.[2] »

1. *Op. cit.*, p. 120.
2. *Le Figaro*, 29 avril 1870.

Les mémoires de notre Académie de musique sont assez fertiles en anecdotes.

Citons-en quelques-unes que nous conte Castil-Blaze[1].

Le 14 février 1848, à la fin du pas de quatre de *Jérusalem*, Mlle Maria, sur le bord de la rampe, s'apercevant que le feu prenait à son vêtement de gaze, s'est vivement baissée pour l'éteindre ; l'équilibre manquant à la danseuse, elle s'est précipitée dans l'orchestre.

Évitant un danger pour tomber dans un autre, Mlle Maria s'est fort heureusement sauvée de tous les deux.

Plus tard, le rideau, se levant sur une représentation de *Lucie*, accroche en passant la porte de la toile métallique retenue dans le comble jusqu'à la fin du spectacle, l'enlève, la fait sortir de ses gonds, et cette porte de fer tombe avec fracas sur l'avant-scène.

On en fut quitte pour la peur.

Une autre année, un drame sanglant troubla le dernier acte du *Prophète*.

« Lundi, en plein Opéra, conte J.-H. Collet dans le *Figaro*[2], un Prussien, nommé Kruine, s'est fait sauter la cervelle au dernier couplet du *Prophète*. »

Le rédacteur du *Figaro* donne des détails sur ce tragique événement qu'il nous conte à sa façon.

Deux dames occupaient le premier rang de la loge, Kruine était au deuxième ; il s'était imposé,

1. *Op. cit.*, p. 288.
2. 4 juin 1854.

dans l'espoir d'obtenir la miséricorde du ciel, d'entendre, avant de mourir, *Le Prophète* tout entier ; à la fin, il ne se sentit pas le courage d'aller jusqu'au bout. « Dieu m'est témoin, murmura-t-il, que j'ai été jusqu'où mes forces me l'ont permis ! »

Il plaça le canon du pistolet sous son menton, le coup partit et le malheureux tomba la face contre terre.

Le *Figaro* ajoute que la loge se vida en un instant, mais que, des loges voisines, des jeunes femmes frêles et délicates, toutes tachées d'éclats de cervelle et de mâchoire, contemplaient le cadavre avec une curiosité tranquille.

Le chef de claque, qui sommeillait, réveillé par le bruit de la détonation, et croyant qu'il s'agissait des pétards qui doivent éclater à la fin pour imiter le bruit de la bataille, donna le signal des applaudissements, « de sorte, ajoute le *Figaro*, que, de même qu'on avait fait une entrée à Chapuis, on fit une sortie à Kruine ».

Une autre anecdote, une légende plutôt, moins vraisemblable encore que celle du suicide de Kruine, circulait dans les coulisses de l'Opéra au moment de l'avènement de Roqueplan et Duponchel.

Nous voulons parler de l'histoire du squelette du *Freyschutz* que Nestor Roqueplan nous conte lui-même[1].

---

1. Dans Regain, *La Vie parisienne* (1851 à 1852). Paris, 1854, pp. 84 et 85.

Pl. — VII.

Au second acte du *Freyschutz*, pendant la scène
de l'évocation infernale, un squelette s'agitait sur
la scène et cette apparition produisait sur le public
une certaine sensation de terreur.

Roqueplan affirme que ce squelette était véritable.

En 1786, un jeune homme de dix-huit ans,
nommé Boismaison, surnuméraire de l'école de
danse de l'Opéra, devint amoureux de Mlle Nanine
Dorival, élève comme lui, et fille de l'ouvreuse de
la loge du comte d'Artois.

Mlle Nanine enflamma la passion de son camarade
et lui laissa des espérances... jusqu'au jour où elle
lui préféra M. Mazurier, sergent-major aux belles
moustaches, qui commandait le poste des soixante
gardes françaises de service.

Vexé et furieux, Boismaison ne pensa plus qu'à
se venger.

Il alla se poster au coin de la rue Saint-Nicaise
où était alors l'Opéra. Il attendit, après le spectacle, le passage des gardes françaises, et se jeta à
la gorge de son heureux rival.

Mazurier songea d'abord à tuer l'imprudent
jeune homme, mais souriant de pitié devant sa jeunesse et sa petite taille, il donna l'ordre à trois de
ses hommes de détacher leur bretelle de fusil ; il
fit ligoter le jeune homme furieux, puis le fit déposer sous le péristyle de l'Opéra où il passa la nuit
ainsi garrotté.

Le lendemain, de grand matin, le sieur Deme-
rus, gardien de salle, trouva le malheureux Boismaison qui avait fait de vains efforts pour se délier,

apprit de lui l'aventure de la veille, en rit beaucoup, et tout le théâtre s'en égaya.

Cependant, le pauvre Boismaison, bafoué et gelé après cette nuit à la belle étoile, fut atteint de fièvre, se mit au lit et mourut.

Il faisait un singulier testament : il léguait son corps à M. Lomairon, médecin attaché à l'Opéra, qui avait un cabinet dans le théâtre même. Il priait le médecin de garder son squelette dans son cabinet, pour être, après sa mort, encore près de celle qu'il avait aimée.

« Malgré les incendies et les déménagements, affirme Roqueplan, son squelette n'a pas cessé de faire partie du matériel de l'Opéra. »

Parmi les légendes, nous pouvons hardiment placer aussi celle de la loge dite infernale.

Nestor Roqueplan nous dit lui-même qu'elle n'a jamais existé :

« Il n'y a jamais eu de loge infernale à l'Opéra[1].

« Toutes les loges d'avant-scène, jusqu'au troisième rang non compris, sont occupées par des hommes et organisées en « omnibus » ainsi qu'on dit à l'Opéra de Londres, c'est-à-dire partagées entre plusieurs souscripteurs dont un seul est titulaire de la location. On n'y a jamais tenu de conciliabules infernaux. »

C'était la grande baignoire d'avant-scène de gauche qu'on appelait « loge infernale », sans doute parce qu'elle était généralement occupée par de riches élégants membres du *Jockey Club* et dont la

1. *Parisine*, p. 86.

critique faisait autorité, surtout auprès des danseuses, mais la loge n'appartenait pas au cercle.

Il était de bon ton de s'y faire inviter.

« Cette loge, dit Alphonse Karr[1], était constituée
par un aéropage dont les artistes, les dames surtout, recherchaient les suffrages et redoutaient
l'hostilité. »

Lions à tous crins, spéculateurs enrichis, quarts
d'agents de change, « vieux jeunes gens », pour la
plupart, tels étaient, d'après Texier[2], les habitués
de la loge infernale.

« Ils sont les protecteurs du rat, et en général de
tous les brillants animaux femelles de l'Académie
de Musique. »

La débutante, remarquée par ces messieurs de
la loge infernale, avait toutes les chances d'arriver
bientôt à la fortune.

Les habitués étaient, dit Charles Bocher[3], tous
membres importants du *Jockey Club*.

« Arbitres du succès des représentations, leurs
applaudissements étaient comme un signal, toute
la salle les imitait.

« Les abonnés, que j'ai connus, étaient le marquis de Gontaut-Biron, le vicomte d'Albon, le
comte de Cambise, Frédéric de la Grange, Paul
Daru, Achille Bouchez, Lherbette, Auguste Lupin. »

Voici encore une anecdote amusante sur l'Opéra ;
elle nous est contée par Villemessant[4].

---

1. *Le livre de bord*, pp. 188 et sq.
2. *Op. cit.*, p. 107.
3. *Op. cit.*, p. 445.
4. *Op. cit,.* pp. 199 et sq.

Un beau matin, Roqueplan eut l'idée de recevoir
chez un de ses amis, plus grandement logé que lui,
tout le personnel féminin de son théâtre.

Il fit ses invitations en conséquence, mais en
ayant bien soin de mentionner qu'en aucun cas,
les mères, tantes ou marraines de ces dames ne les
accompagneraient.

« Cette mesure, toute naturelle, souleva tant de
réclamations, raconta-t-il à Villemessant, que je
proposai d'abord d'amener les mamans jusqu'au
vestiaire où elles seraient déposées avec les
pelisses et fourrures, avec cette différence qu'on
perdrait leurs numéros de classement pour ne pas
les retrouver à la sortie. »

Cette seconde proposition fut, à son tour,
écartée, et il fut décidé que les mères seraient
installées dans une grande pièce, près de l'antichambre, mais qu'elles n'entreraient à aucun prix
dans les salons.

On leur fit passer des rafraîchissements, mais,
vers les trois heures du matin, toutes les mères,
rassasiées, s'étaient endormies, babas ou sandwi-
ches à la main.

Roqueplan entr'ouvrit alors la porte pour jouir
de ce spectacle avec un de ses amis. « Cordon, s'il
vous plaît ! » s'écria tout à coup l'ami, d'une voix
de stentor ; aussitôt, comme mues par une décharge
électrique, on vit toutes ces dames agiter le bras
droit, comme pour chercher un cordon imagi-
naire.

« Tu vois bien, dit son ami à Roqueplan, ce sont
toutes des concierges ! »

Un jour, on faisait remarquer à Roqueplan que Levasseur commençait à chanter faux. « Cela s'entend-il du fond de la salle? demanda-t-il en haussant les épaules. — Non. — Eh bien, c'est comme s'il chantait juste[1]. »

Un autre jour, un peu plus tard, on vint lui annoncer que le Prince-Président assisterait à la représentation du soir.

Or, le directeur savait que le prince aimait la popularité.

Il fit monter à son cabinet David, le chef de claque.

Après délibération, David convint qu'une « entrée » était la seule chose à faire en l'honneur du Prince-Président.

« Une entrée ! Comme à un acteur, s'écria Roqueplan : est-ce possible ! Un prince, un président de République ! »

Finalement, il fut décidé que l'entrée était la seule chose possible, mais, en l'honneur d'un si grand personnage, ce serait une entrée « avec trépignements ».

Elle fut faite, réussit absolument, et Roqueplan n'en garda pas plus rancune à David que le Prince-Président à Roqueplan[2].

Un jour que le Dr Véron donnait un grand dîner diplomatique auquel assistaient Roqueplan et le ministre Faucher, le directeur de l'Opéra témoigna son désir de fermer son théâtre pendant l'été.

Le ministre lui répondit, d'un ton sec : « Tant

1. Villemessant, *op. cit.*, p. 177.
2. Villemessant, *op. cit.*, pp. 202 et sq.

que je serai au pouvoir, vous ne fermerez pas
l'Opéra. »

Roqueplan s'inclina en disant : « J'attendrai le
mois prochain[1]. »

Pendant toute cette période, une animation
folle, une gaieté débordante, un entrain endiablé,
régnaient au foyer de la danse.

« Le foyer de la danse est devenu un salon,
dit Roqueplan dans les *Nouvelles à la main*[2].

« Les mères de l'endroit regrettent le temps où
c'était un boyau. On y parle plus d'amour que
d'argent. »

Lors des derniers temps de la direction de
Roqueplan, c'est-à-dire au début du Second
Empire, les principaux habitués en étaient : le duc
de Morny, Aguado, le marquis de la Valette, Paul
Daru, le comte de Montguyon, Meyerbeer, Auber,
Scribe, le Dr Véron et Ludovic Halévy.

Ce foyer était d'ailleurs décoré d'un tableau
d'Eugène Lamy pour lequel la plupart des habitués
avaient « posé », sauf quelques-uns, dont, dit
Roqueplan, des raisons de la plus haute gravité
avaient motivé l'absence.

Un autre n'a voulu se laisser peindre qu'à côté
de celle qui lui tenait à cœur. Tel autre a invoqué
le motif contraire dans l'espoir de ne pas laisser
s'éterniser une liaison qui lui pesait.

Dans ce petit tableau, très bien exécuté, on
pouvait reconnaître Auber et Halévy, ainsi que

1. Alf. Marquiset, *op. cit.*, p. 120.
2. 20 avril 1841.

Mlles Essler, Dumiliâtre, Blangy, Maria en costumes de théâtre.

Ce fameux foyer de la danse n'avait pas été de tout temps accessible au public. Il ne lui fut ouvert que le 9 janvier 1836.

« Il n'y a qu'une voix, lit-on dans *L'Entr'Acte* du 11 janvier, sur la richesse et l'élégance des embellissements apportés à cette partie de l'édifice. MM. Philastre, Cambon et Gosse ont ajouté un nouveau titre à leur réputation. »

Dans son *Tableau de Paris* en 1852, Edmond Texier fit une amusante description de ce fameux foyer de la danse :

« La toile vient de se baisser. Nous sommes au moment de l'entr'acte. C'est l'heure où le « lion » se met en chasse. Il s'élance de la stalle d'orchestre ou de l'avant-scène dans les coulisses, il rôde un instant, flaire à droite et à gauche, puis gagne le foyer, attiré par l'odeur de la chair fraîche. Le foyer de la danse est son antre préférée ; là, le « lion » secoue fièrement sa crinière, aiguise ses griffes, se met en arrêt et attend sa proie...

« Trois « lionceaux » debout se confondent en douceurs et en politesses pour une de ces gazelles de l'endroit : ce sont des lions à peine émancipés, des « lions » à leur premier coup de dent, si j'en crois leur attitude guindée et leur tournure respectueuse. Terpsychore s'en aperçoit et les écoute d'un air légèrement maussade ; Terpsychore n'aime pas les « lions » conscrits.

« Cependant, au fond de l'antre, lions et gazelles se cherchent et se confondent ; c'est un concert de

rugissements et de soupirs. Les propos y sont ce-
lestes comme cette péri, cette sylphide ou cette
milli au jupon court qui s'élance, bondit et provo-
que le parquet de son pied agaçant.

« Mais hélas, le foyer des danseuses a beaucoup
dégénéré depuis que le prince russe et le milord
y sont devenus rois et que les ambassadeurs ont
fait place à la tourbe des dandys aux existences
hypothétiques. »

Un peu plus tard, en 1863, le journal *Le Nain
Jaune*, dont le rédacteur en chef était Aurélien
Scholl, constate (numéro du 20 mai) la grande
différence d'âge qui existe toujours entre une
danseuse et sa mère :

« Je pourrais citer plusieurs de ces demoiselles
qui n'ont pas atteint leur dix-septième année, et
dont les mères accusent la soixantaine pour le
moins. Un soir, pour la dixième fois, nous posions
ce point d'interrogation : comment cela se fait-il?

« — Je le sais moi, dit tranquillement Nestor
Roqueplan qui venait d'arriver : rien n'est plus
simple (Roqueplan est un homme pour qui les
problèmes physiologiques du monde théâtral n'ont
pas de secret). C'est que les mères, continua-t-il, ne
sont pas les mères. Ces femmes adoptent de toutes
petites filles qu'elles destinent à la danse. Ce sont
des mères de la danse et non pas des mères de danseuses. »

*
* *

Si l'Opéra était un endroit plutôt gai, on n'y
travaillait pas moins. Les chefs-d'œuvre des plus

grands maîtres de l'époque furent montés par
Roqueplan et Duponchel. Interprétés par des
artistes de premier ordre, ils contribuèrent à
ramener la foule à notre première scène de
musique.

« Le public, écrit *La Mode* le 6 novembre 1847,
s'est montré reconnaissant de ce qu'on a fait dans
l'intérêt de ses plaisirs. Il a repris la route de
l'Opéra.

« La représentation de dimanche a été nombreuse ; toute la classe aisée s'y est donné rendez-
vous. »

Songez qu'aux artistes que nous avons déjà
cités, étaient venus se joindre Duprez, Levasseur,
Carlotta Grisi, la danseuse Fanny Cerrito, les
danseurs Berthier, Mérante fils et le fameux
Saint-Léon, « violoniste, danseur et chorégraphe
par amour ».

Le 25 avril 1849, c'est la première du *Prophète*
de Meyerbeer...

La Mode publie sur ce sujet un article long de
onze pages, signé Sylvain de Saint-Étienne.

Elle dit qu'après le succès de *Robert le Diable* et
des *Huguenots*, les directeurs eurent l'idée de
commander une nouvelle œuvre à Meyerbeer.

Seulement, pendant dix ans (ici *La Mode*
exagère, la direction de Roqueplan n'ayant pas
duré dix ans), ils durent subir les caprices du
musicien qui, à chaque instant, retirait son ouvrage
pour y faire des retouches.

« Plus tard, ajoute *La Mode*, quand un traité
sérieux a été fait entre les auteurs et la direction,

celle-ci n'a reculé devant aucun sacrifice pour satisfaire les exigences de ce nouveau Jupiter, qui allait bientôt se transformer en pluie d'or pour enrichir d'un seul coup l'Opéra. »

Le grand succès du *Prophète* fut peut-être dû plus encore à sa somptueuse mise en scène qu'à sa partition.

Les critiques de *La Mode* reprochent à celle-ci de manquer de mélodie.

Mmes Garcia et Viardot furent parfaites, ainsi que Roger. Par contre, Mme Castellan fut discutable.

Quatre excellents chanteurs s'étaient contentés de rôles trop modestes : c'étaient Brémond, Levasseur, Gaymard et Euzet.

L'orchestre et les chœurs furent bons, malgré une tâche difficile.

Parmi les danseuses, Mlles Plunkett et Robert obtinrent un grand succès, la première dans une redowa très originale, la seconde dans un boléro plein d'entrain et de mouvement.

Quant à la salle, elle était splendide.

Dans le même numéro de *La Mode,* un article signé : « Vicomtesse de Rambouillet » nous en fait une brillante description. Écoutez plutôt :

« *Le Prophète* semblait avoir prêché d'avance une croisade de coquetterie et d'élégance. Les toilettes sentaient toutes l'approche du printemps. On admirait, aux premières loges, la belle duchesse de L... avec ses beaux yeux et son éclatante fraîcheur. Sa robe était en crêpe vert chambord à trois jupes ornées chacune de deux ruches à la vieille. Au-dessus des vaporeuses touffes

blondes de la jolie femme, scintillaient deux lys
en brillants et en émeraudes. La parure avec col-
lier, peigne, boucles d'oreilles et bracelets était
pareille aux lys de la coiffure.

« La comtesse de L... avait une robe en dentelle et argent à double jupe sur un dessous de
satin bleu ciel glacé blanc, la dentelle avait pour
fond un semis de petites étoiles d'argent et pour
bordure une riche galerie reproduite en dessins
arabesques. Le corsage était plat et à pointe
devant et derrière. La berthe double, et les manches, excessivement mignonnes, recouvertes de
dentelles d'argent.

« La double jupe était relevée de chaque côté
avec des montants de pervenches en velours bleu
et des grappes de raisin en argent. La coiffure en
pervenches et en raisins était montée à la Léopold Robert. »

Et la description se poursuit avec les toilettes
de la marquise de R..., de la princesse de T..., de
Mme B... de C..., de la vicomtesse de T...

Les robes Pompadour étaient également en nombre, garnies de dentelles, rubans et fleurs.

Il y avait aussi des robes à la Dubarry, des coiffures à la Valois, bandeaux, soufflés et bouffants
sur le sommet de la tête, comme les Italiennes...

Le spectacle avait commencé à sept heures.

La presse fut élogieuse pour la nouvelle œuvre
de Meyerbeer.

Adolphe Adam dans le *Constitutionnel,* Sylvain de Saint-Étienne dans *L'Opinion Publique,*
Édouard Thierry dans *L'Assemblée Nationale* pro-

clamèrent *le Prophète* à la hauteur de *Robert le Diable* et des *Huguenots*.

Un des plus spirituels journalistes de l'époque, Eugène Ginot, prophétisa qu'après le quatrième acte du *Prophète*, le président de la République ferait appeler Meyerbeer et lui remettrait la croix de la Légion d'honneur.

Or, quelques jours après, Meyerbeer dînait à l'Élysée à la droite du Président qui le traita avec une courtoisie au-dessus de tout éloge.

Ajoutons que, sous la direction Roqueplan, l'Opéra fit monter non seulement *Le Prophète* et *Jérusalem*, mais encore *L'Enfant Prodigue* de Scribe et Auber (16 décembre 1850), et *Le Juif Errant* de Scribe et Halévy (25 avril 1852) pour lequel les dépenses de mise en scène s'élevèrent à 142 000 francs.

Roqueplan ne fit pas représenter sous sa direction moins de trente-quatre opéras ou ballets. Ils n'obtinrent pas tous le même succès, mais ils témoignent de l'effort du directeur.

Nous avons dit que la salle était très brillante ; elle avait le caractère le plus aristocratique :

« L'Opéra est l'asile des souvenirs, écrit Mme de Girardin en 1844. Là, des hommes qui ont été beaux passent leur soirée à lorgner des femmes qui ont été belles. L'aspect de cette salle un peu grave n'est pas cependant sans charme et sans dignité. C'est la grandeur de Rome, d'Athènes, de Palmyre, de Babel, de Thèbes, c'est la majesté du passé. »

Les premières loges étaient occupées, nous dit

Charles Bocher, par des femmes portant, pour la
plupart, des noms illustres : la marquise de Gontaut-Biron, les duchesses de La Rochefoucauld,
d'Istrie, de Dino, Mmes de Vatry, Scholker, James de
Rotschild qui vinrent en toilettes de bal et couvertes de diamants. La grande avant-scène de gauche était la loge royale ; les princes s'y trouvaient
réunis avec les princesses leurs sœurs.

L'avant-scène d'en face laissait voir les plus
jolies Espagnoles dont Mme Aguado tenait à orner
sa loge, autant pour elle-même que pour plaire
au public élégant.

La vue de ces deux loges se faisant face offrait
une agréable distraction pendant les entr'actes.

La révolution de 1848 devait avoir son écho à
l'Opéra.

C'est à la suite des journées de Février que
Duponchel se retira, laissant Roqueplan seul en
tête de l'Académie de Musique.

Pendant les jours d'émeute, on vint planter un
arbre de la liberté — un très beau peuplier — dans
la cour de l'Opéra. A cette occasion, Duponchel
voulut faire un discours, mais, soit timidité, soit
manque de mémoire, il ne put dire qu'un seul
mot : « Citoyens... Citoyens... »

Plus tard, on donna des ordres pour abattre
l'arbre de la liberté. Roqueplan, présent à ce
moment, s'écria : « Vous ne toucherez pas à
cet arbre avant que Duponchel ait fini son discours. »

Nestor était cependant mal vu des républicains,
alors au pouvoir. « Ces démocrates ne voyaient,

en cet esprit distingué, ni un frère ni un ami[1]. »

Après l'émeute, l'Opéra rouvrit ses portes, mais le public ne revint pas tout de suite. Mme Aguado redonna l'exemple en se montrant dans sa loge.

Dès le 25 février, tous les directeurs de Paris avaient réclamé contre le droit des pauvres en disant : « Les pauvres c'est nous. » Le droit fut aussitôt réduit à 1 pour 100[2].

Le 14 décembre 1849, Duprez donne à l'Opéra sa représentation d'adieux à son bénéfice.

Le programme comprenait le second acte de *La Juive* avec Mmes Miolan et Eudoxie, le quatrième de *Lucie* et le troisième d'*Othello* avec Mme Viardot. La recette fut de 15 994 fr. 50, nous dit Charles de Boigne.

Le 6 février 1850, l'Opéra donne sa deuxième représentation au bénéfice de Duprez ; on joue le second acte de *Guillaume Tell*, un fragment du troisième et le dernier acte d'*Othello*. La recette atteignit 16 530 francs.

Roqueplan engagea vers ce moment Massol, Mairault, Fleury, Grignon, Meillet, et Mlles Hein-fœtter.

En 1850, après une fermeture de deux mois nécessitée par des réparations, l'Opéra reprend le titre d'« Académie Nationale de Musique ».

Le 2 décembre 1851, c'est le coup d'État. Napoléon III fait son entrée solennelle à Paris et l'Opéra devient « Académie Impériale de Musique ».

---

1. Villemessant, *op. cit.*, p. 172.
2. Ch. de Boigne, *op. cit.*, p. 332.

En 1852, nous assistons aux débuts des ténors Mathieu et Bauchel, de Mlle Emma Courtot, du danseur Mathieu et de Mlles Régina Flori et Pougaud.

La même année, à la suite d'une entente avec Arsène Houssaye alors administrateur de la Comédie-Française, une série de représentations communes aux deux théâtres est organisée.

C'est ainsi que le 16 janvier, on donne à l'Opéra *Le Bourgeois Gentilhomme,* « remonté, disait l'affiche, comme à la représentation de Chambord devant Louis XIV ».

« Mais, raconte Edmond Got dans son *Journal,* la salle de l'Opéra est disproportionnée pour la comédie, les effets portent mal ou autrement », et Got de conclure que c'est une tentative avortée. Il a cru voir cela à la mine de Samson, de Mmes Damoreau, Augustine, enfin de tout le monde.

Le 29 octobre 1853, Levasseur se retire après quarante ans de service ; à cette occasion, on joue *Guillaume Tell, Robert le Diable* et *Les Huguenots.* La recette est de 13 887 francs.

La même année, Sophie Cruvelli, qui vient du Théâtre Italien, est engagée à raison de cent mille francs la première année et cent cinquante mille francs pour l'année suivante.

« J'aurais pu ne donner que cinquante mille francs à la Cruvelli, a dit M. Roqueplan, lisons-nous dans le *Figaro*[1], mais cela eût été d'un effet médiocre. Je lui donne cent mille francs et toute l'Europe est forcée de venir l'entendre.

1. 2 avril 1854.

« Il y a du vrai dans ce point de vue. Le public
est assez enclin à mesurer son estime pour les
artistes au prix qu'on y met. »

C'était ici le même raisonnement que lors de
l'engagement de Bouffé aux Variétés.

La Cruvelli débute avec succès dans *les Hugue-nots*.

Peu de temps après, l'Opéra reprend *Moïse* avec
Mmes Boisia, Obin, Morelli, Bignoli, Chapuis et
Dameron.

Une reprise de *La Vestale* n'obtient que peu de
succès ; enfin Roqueplan, qui ne reçoit de l'État
qu'une subvention de six cent vingt mille francs,
succombe sous le poids d'un passif de neuf cent
mille francs que le gouvernement paye, et le 3o juin
1854, il donne sa démission de directeur de l'Opéra ;
mais l'administration supérieure tenait à lui et par
un décret impérial, l'Opéra fut mis en régie pour
le compte de la liste civile et la direction fut de
nouveau confiée à Roqueplan dont les dettes furent
portées à la charge de l'État.

Roqueplan recevait alors vingt-cinq mille francs
de traitement.

« Le voilà encore à flot, mais vingt-cinq mille
francs ne lui suffiront pas, Mlle Marquet doit lui
coûter à peu de chose près cette somme », dit le
mordant H. de Viel-Castel[1].

Cependant, le 6 novembre 1854, Roqueplan don-nait de nouveau sa démission. Elle fut acceptée

---

1. *Mémoires* (1851-1854), 3 vol. in-8, Paris, 1883, t. III, p. 38.
Mlle Marquet à qui Viel-Castel fait allusion était une danseuse du
corps de ballet de l'Opéra.

Cliche Tallandier

LE FOYER DE LA DANSE A L'OPÉRA
d'après Eugène Lami

cette fois, et à sa place M. Crosnier fut nommé administrateur général.

Roqueplan ne s'était pas, on le voit, enrichi à l'Opéra comme aux Variétés.

Il avait cependant engagé un grand nombre de chanteuses — trop peut-être — jusqu'à dix-huit ; mais si nous en croyons Charles de Boigne [1], il a eu quatre pierres d'achoppement :

« 1° Il avait de l'esprit, ce qui est fâcheux dans les affaires. En ce cas, les actes les plus réfléchis de l'homme d'esprit, ses résolutions les plus mûres deviendront des boutades et des traits d'esprit.

« 2° Nestor Roqueplan « s'habillait » et tout le temps qu'un directeur passe à s'habiller, il le vole à ses occupations administratives.

« Ah ! vous croyez qu'on peut être directeur de l'Opéra et se brosser les ongles, et se parfumer la barbe, et porter des chemises brodées et un habit fait par Renard [2].

« Si encore M. Roqueplan eût arboré la cravate blanche ! Mais il n'en portait que le soir.

« 3° Il croyait aux « étoiles », c'est-à-dire aux grands artistes qui font les grosses recettes, mais qui font aussi les grands trous dans la caisse.

« 4° La subvention était de 600 000 francs et le budget de 1 700 000 à 1 800 000 francs. »

Dans ces conditions, il était impossible au direc-

1. *Op. cit.*, p. 354.
2. Renard, le tailleur à la mode d'alors, fut d'abord installé 52, passage des Panoramas, et ensuite boulevard des Italiens, au coin de la rue Drouot.

teur, fût-il l'homme le plus habile du monde, de
joindre les deux bouts.

Le parti que Roqueplan avait pris de n'ouvrir
aucune des lettres qu'il recevait n'était pas fait
non plus pour l'aider à réussir comme directeur
de théâtre.

« L'expérience, assurait-il, démontre que les
choses s'arrangent aussi bien ou aussi mal que
si on avait lu les lettres et si on y avait répondu[1]. »

*
* *

La polémique entre Jules Janin et Nestor Roqueplan continuait toujours, témoin les feuilletons de
Janin dans *Les Débats* en 1852.

« Heureusement que s'il s'y connaît en gants et
autres attifaux, M. le directeur de l'Opéra ne s'y
connaît pas en musique ; il l'avoue enfin d'assez
bonne grâce.

« J'aurais bien encore à répondre et tant de
choses que j'irais tirer des *Nouvelles à la main,*
mais je n'ai pas sous la main ces nouvelles, le
vent des quais et le mépris public en ont fait
justice. Il me faudrait du temps pour réunir ces
feuillets épars. »

Voilà une critique amère des *Nouvelles à la
main.* Nous dirions aujourd'hui une « rosserie »,
mais Janin ne fait, en somme, que riposter aux
flèches tout aussi violentes que Roqueplan lui
décochait dans ses feuilletons.

1. *Le Figaro,* 2 avril 1854.

Les recettes de l'Opéra avaient cependant atteint des sommes fabuleuses sous sa direction, mais les frais avaient monté dans des proportions encore plus grandes.

L'Opéra se devait à sa réputation de conserver ses traditions de splendeur, forcé qu'il était de lutter contre les théâtres du boulevard qui dépensaient cent cinquante mille francs pour une féerie.

« Le temps n'est plus, disait Auguste Villemot[1], où, en vue d'une pension garantie, des chanteurs comme Nourrit père, Lais, Derins, etc. donnaient leur vie et leur talent pour des appointements qui variaient de six à douze mille francs. »

*
* *

Le gouvernement avait songé à remplacer Roqueplan avant même qu'il ne donnât sa démission, le rendant responsable du déficit, mais, après enquête, on s'aperçut qu'un autre administrateur ne parviendrait pas à modérer la dépense, et que les petites économies qu'on pourrait réaliser ne seraient pas dignes de l'Opéra.

La solution était dans les coffres du trésor ou dans les cassettes de la liste civile et pas ailleurs.

Il avait été question un moment d'une combinaison qui aurait mis à la direction Charles Poisson et Mouriez[2].

On parlait aussi de M. Billion.

« Je voudrais bien être assez riche, avait dit

1. *Figaro*, 2 avril 1854.
2. *Le Figaro*, 7 mai 1854.

Roqueplan, pour me payer M. Billion directeur de l'Opéra. »

Au sujet de ce changement de directeur, le *Figaro* du 12 novembre 1854 dit : « Quant à la démission de Roqueplan, on va jusqu'à parler d'un certain mémoire tout à fait étranger à ceux que l'État s'était chargé de payer. Quoi qu'il en soit, la démission a été acceptée et, à côté d'autres compensations, on parle d'une pension assez rondelette. »

Enfin, le 19 novembre, le *Figaro* publiait un article signé Villemessant et Jouvin, article intitulé « A un pouvoir tombé : M. Nestor Roqueplan. »

Les chroniqueurs y affirmaient que les mots de Roqueplan avaient toujours plus réussi que ses pièces, et qu'on eut le tort de le lui reprocher sans s'apercevoir que c'était la flatterie la plus délicate qu'on lui pût adresser.

« L'esprit, chez Nestor, est un fleuret de salle d'armes tenu par la main élégante d'un Grisier ; cet esprit moucheté ne tue personne, mais il touche tout le monde, et les atteintes reçues en plein amour-propre, en présence d'une galerie, sont de celles qui ne guérissent pas et qu'on ne pardonne point.

« ... Nous avons voulu tendre une main amie à Nestor Roqueplan, dussions-nous, dans ce contact, gagner un mal chronique en lui... la contagion de son esprit charmant et de sa verve intarissable. »

L'OPÉRA-COMIQUE[1] (1857-1860)

Après sa démission de directeur de l'Opéra, en 1854, Roqueplan n'occupa plus de fonctions officielles, mais comme il était bien en cour, le gouvernement impérial n'hésita pas à le nommer directeur de l'Opéra-Comique, malgré le déficit indiscutable par lequel s'était terminée sa gestion de l'Opéra.

1. Sources : Villemessant, *op. cit.*, pp. 182 et sq.
Gust. Claudin, *op. cit.*, p. 34.
Le Figaro, années 1857, 58, 59, 60.
Albert Soubies et Charles Malherbe, *Histoire de l'Opéra-Comique ; La Seconde Salle Favart*, Paris, 1892, 2 vol. in-18, t. I, pp. 229 et sq.

On trouve dans les programmes actuels de
l'Opéra-Comique une notice intéressante sur
l'histoire de ce théâtre :

« De 1850 à 1857, y lisons-nous, Émile Perrin
conserva tout son éclat à la salle Favart. Nestor
Roqueplan, qui lui succéda, fut moins heureux. »

Le pauvre Roqueplan n'allait-il pas mieux réussir
qu'à l'Opéra ?

La salle Favart était en pleine prospérité lorsqu'il en prit la direction et Perrin qui avait fait
fortune se retirait pour se reposer.

Pourquoi Nestor avait-il accepté de diriger notre
seconde scène de musique, lui qui, depuis son
échec de l'Opéra, disait avoir ce genre de théâtres
en horreur ? Il prétendait que les musiciens l'en
avaient dégoûté.

Si nous en croyons certains journaux de l'époque,
Roqueplan n'aurait accepté de diriger l'Opéra-
Comique qu'en vue de faire tomber ce « genre
inférieur », cette sorte de doublure de l'Opéra ;
mais ne serait-ce pas encore là une des nombreuses manifestations de cet esprit paradoxal ?

En tous cas, il aurait bien fait de ne pas exprimer
cette opinion tout haut, sans quoi il eût pu lui
survenir la même mésaventure qu'à Brummel au
consulat de Caen.

On sait que le célèbre dandy fut, sur la fin de
ses jours, nommé consul d'Angleterre à Caen
et qu'un jour, par boutade, il se laissa aller à dire
que ce consulat était inutile. La réponse de son
gouvernement ne se fit pas attendre. Il supprima
le poste.

Roqueplan trouva facilement des commanditaires pour lui fournir la somme de quatre cent vingt mille francs, exigée comme cautionnement.

Au moment où le nouveau directeur mettait les billets sur la table, M. Perrin, agréablement effrayé par le volume de quatre cent vingt billets de mille, s'écria : « Mais c'est un dictionnaire ! — Un dictionnaire de Bouillet de banque », répondit Roqueplan.

Henri Trianon entrait en même temps à l'Opéra-Comique comme administrateur. Cet ancien bibliothécaire à Sainte-Geneviève était l'auteur du ballet d'Orfa et de l'opéra *Les maîtres chanteurs.* Ce nom de Trianon devait infailliblement amener des plaisanteries, et bientôt, les artistes de la salle Favart n'appelèrent plus Roqueplan que « le grand Trianon » et Henri Trianon « le petit Roqueplan ».

On prétend que, le jour du changement de direction, M. Perrin était pâle et ému en faisant ses adieux à son personnel, et que Roqueplan ne semblait pas prendre au sérieux les vœux de bienvenue qu'on lui adressait.

Aussitôt en possession de ses nouvelles fonctions, Roqueplan y introduisit ses méthodes fantaisistes. Avait-on à lui parler d'affaires sérieuses, il était impossible de le rencontrer dans son cabinet.

Seuls, les flâneurs trouvaient accès auprès de lui, il entrait par la scène, causait de choses indifférentes tandis que la foule des auteurs, chanteurs

ou créanciers, attendaient vainement à l'autre
porte, toujours invariablement close.

Roqueplan arrivait à l'Opéra-Comique à un
mauvais moment.

Le Théâtre Lyrique lui faisait alors une concur-
rence terrible, et les recettes de la salle Favart
s'en ressentaient sérieusement : elles ne faisaient
que baisser depuis deux ans.

Songez que Carvalho, qui dirigeait alors le
Théâtre Lyrique, avait réussi à monter en moins
de trois ans : *La Fanchonnette, Les Dragons de
Villars, La reine Topaze, Le médecin malgré lui,*
et qu'il avait enlevé à l'Opéra-Comique Mme Ugalde
et Mlle Rey.

Bataille venait aussi de se retirer, ainsi que
Barbot, Nicolas et Mlles Lhéritier et Dupuy.

La succession était difficile dans de telles conditions.

Roqueplan signa quelques nouveaux engagements : Hilaire, qui débuta dans le rôle de Loridan
d'*Haydée* (28 juin 1858), puis Granet, dans Daniel
du *Chalet* (8 août 1858), puis deux ténors encore
fort inexpérimentés.

Un jeune baryton, Barré, débutait sans aucun
succès, le 14 août, dans le rôle de Germain du
Valet de chambre, mais, plus tard, il devait tenir
les premiers rôles.

La nouvelle direction se vit forcée de faire de
nombreuses reprises : une seule eut du succès,
celle de *Fra Diavolo* qui eut cinquante-deux représentations en la seule année 1858.

Fra Diavolo était joué par Barbot, Ponchard,

Sainte-Foy, Becker, Berthelier, Wathon, Mmes Lefebvre et Lemercier.

Le soir de la reprise de *La Fiancée*, un opéra-comique oublié depuis 1849, et qui n'eut d'ailleurs que dix-sept représentations, on inaugurait un escalier réservé à l'Empereur et à l'Impératrice et donnant accès directement dans leur loge.

Roqueplan, pour flatter les souverains, avait su, grâce à l'habileté de l'architecte Charpentier, réaliser ce tour de force : construire, dans le local étroit de la salle Favart, un escalier large et spacieux, précédé d'un grand salon d'attente, avec un vaste palier devant ; le tout sans gêner aucun service.

Mais le directeur se voyait toujours réduit à remonter de vieux ouvrages, car la disette des nouveautés était évidente.

Ainsi *La Part du Diable*, d'Auber, fut reprise pendant quatre ans.

Cependant, un opéra-comique en un acte : *Les désespérés* de Leuven et Jules Moinaux (le père de Georges Courteline), musique de Bazin, eut un succès d'estime (26 janvier 1858). *Quentin Durward* et *Les trois Nicolas* réussirent assez bien, la même année.

Dès le début de 1859, Roqueplan, qui commençait à se décourager, comptait beaucoup sur une nouvelle œuvre de Meyerbeer : *Le Pardon de Ploermel*, dont le livret était de Jules Barbier et Michel Carré.

La pièce avait été lue aux artistes le 10 décembre 1858.

La machinerie du deuxième acte avait été construite en Allemagne : la mécanique du pont, la rupture des écluses et l'interruption des eaux ; on défonçait le théâtre pour obtenir une cascade naturelle. Fort heureusement, les recettes, qui commençaient à être meilleures, permirent de couvrir tous ces frais.

Les auteurs n'adoptèrent pas tout de suite le titre de *Pardon de Ploermel*. Ils avaient hésité entre : *Les chercheurs d'or*, *Dinorah* et *Le pardon de N.-D. d'Auray*.

C'est presque à la veille de la première — 4 avril 1859 — qu'ils s'arrêtèrent au titre définitif.

Ce ne fut pas, tout d'abord, le succès espéré ; la pièce fut pourtant jouée cinquante-cinq fois la première année, et les recettes furent, en moyenne, de six mille francs par soirée.

Sauf pour cette œuvre, Roqueplan n'eut vraiment pas la main heureuse. Il accepta deux actes intitulés : *La Pagode* que plusieurs de ses prédécesseurs avaient déjà refusés. *La Pagode* ne fut jouée que sept fois !

Le 23 avril 1859, l'Opéra-Comique donnait un concert spirituel avec *L'enfance du Christ* de Berlioz. L'illustre compositeur tenait lui-même le bâton de chef d'orchestre.

Le 22 mai, on jouait *Fra Diavolo* lorsque se produisit, dans la salle, un drame en tous points semblable à celui qui éclata un soir à l'Opéra, du temps de Roqueplan.

Nestor portait-il malheur à certains spectateurs ? Des esprits superstitieux pourraient le croire.

A l'Opéra, c'était un Allemand, Kruine, qui s'était suicidé d'un coup de pistolet ; à l'Opéra-Comique, ce fut une jeune Française, Estelle D..., qui tenta de mettre fin à ses jours, mais qui, plus heureuse que Kruine, eut la chance d'en revenir. Le premier acte venait de finir quand on vit, tout à coup, une jeune femme enjamber le rebord de la deuxième galerie pour se précipiter... dans le parterre où, pourtant, les dames n'étaient pas admises.

L'instinct de la conservation la retint un instant, et, se cramponnant au velours, elle demeurait suspendue dans le vide. Un spectateur, nommé Bridet, commis à la *Revue et Gazette des Théâtres*, put la ressaisir enfin et elle se trouva mal... ainsi d'ailleurs que beaucoup d'autres personnes.

Revenue à elle, la jeune femme déclara se nommer Estelle D..., être âgée de vingt-huit ans et demeurer faubourg Saint-Honoré. La désespérée sortit alors de son corsage une lettre qu'elle déchira. Tout était préparé chez elle en vue de son enterrement ! Jusqu'au linge où elle devait être ensevelie.

Peut-être avait-elle été abandonnée par un « lion » infidèle ?

Le *Figaro* prétend que le « lion infidèle » fit offrir en récompense au nommé Bridet... une loge pour *Le Pardon de Ploermel* !

Et les reprises continuaient toujours.

Le 25 juin, c'était *Les Mousquetaires de la Reine*, le 28 juillet, *L'Ambassadrice* et le 22 septembre, *Le Songe d'une nuit d'été*.

En 1860, le grand chanteur Faure quittait l'Opéra-Comique où, depuis sept ans et demi, il avait eu une carrière triomphale.

Faure allait partir pour Londres ; de grands succès l'y attendaient avant son entrée à l'Opéra où il devait atteindre à l'apogée de sa gloire.

Créateur du rôle d'Hoel dans *Le Pardon de Ploermel,* il gagnait quarante mille francs pour ses dix mois de représentations.

Roqueplan trouvait-il que Faure lui coûtait trop cher ?

Toujours est-il qu'en mars 1860, il lui offrit de résilier son engagement.

Le chanteur accepta d'autant plus volontiers qu'il en avait un autre en poche, à Covent Garden, à Londres, pour la saison italienne.

C'est alors que Roqueplan commence à s'apercevoir que, décidément, ce n'est pas encore à l'Opéra-Comique qu'il fera fortune, et il songe à démissionner.

En 1860, il est en pourparlers avec un M. Miraut, avocat, pour la cession de son privilège, mais l'affaire n'est pas conclue.

« Je me sens beaucoup trop jeune pour me reposer », aurait dit M. Roqueplan qui se montre insatiable et ne se retirera que gorgé de millions, écrit le *Figaro*[1].

Cependant, les affaires de la salle Favart sont rien moins que brillantes, il faut chercher des économies. L'administrateur, Henri Trianon, est

1. 22 janvier 1860.

supprimé, et les appointements de Roqueplan, qui étaient de 24 000 francs, sont réduits à 15 000, mais sa part sur les bénéfices ne subit aucune réduction.

Le 6 mai 1860, *L'Indépendance belge* annonce comme certain un changement de direction à l'Opéra-Comique et elle ajoute ces mots d'une ironie cinglante : « M. Roqueplan laisse à son successeur ou à ses successeurs une troupe très complète, il n'y manque qu'une première basse, un baryton, deux ténors et le reste. »

Le bruit court alors que M. Brandus va succéder à Roqueplan.

Au théâtre on le nie : « M. Roqueplan est plus solide que jamais », imprime le *Figaro*[1].

Cependant, les bruits d'un changement de direction à l'Opéra-Comique courent de plus belle ; il est question de nommer M. Beaumont. Quel M. Beaumont ou de Beaumont? se demande-t-on.

Enfin le 18 juin 1860, un arrêté du ministre d'État annonce la démission volontaire de Roqueplan et son remplacement par M. Alfred Beaumont.

La commandite était en perte, et dès le 10 mai, les commanditaires, Gustave Delahaute, de Salamanca et le duc de Morny avaient décidé de se retirer.

Ils subissaient de bonne grâce les pertes et obligations de Roqueplan et demandaient seulement en échange pendant la durée du privilège nouveau : Salamanca la baignoire d'avant-scène de droite,

1. 13 mai 1860.

Delahaute les baignoires d'avant-scène de gauche
2 et 3. Cet échange fut réglé par acte du 28 mai.

La nouvelle commandite comportait 500 000
francs.

Mais cependant, Beaumont ne devait pas réussir
et le gouvernement dut, plus tard, faire appel de
nouveau à Perrin pour sauver l'Opéra-Comique.

« Nous sommes certains, écrit le *Figaro*[1], que
les amis de M. Roqueplan se préoccupent déjà de
lui faire obtenir une juste compensation. On sait
en effet que M. Roqueplan est l'homme de Paris
qui a obtenu le plus de justes compensations, sans
parler des indemnités qu'il a touchées dans maintes circonstances de sa vie.

« Indemnité en quittant les Variétés, indemnité
en quittant l'Opéra, indemnité en se retirant du
Pré Catelan et en abandonnant l'Opéra-Comique.

« N'oublions pas la plus belle de toutes, savoir
l'indemnité qui lui fut comptée lorsqu'il se retira
de l'ancien *Figaro*. »

Le 18 juin, ce furent, toujours d'après le *Figaro*,
les adieux de Fontainebleau de Roqueplan, la pré-
sentation de la troupe et la remise des pouvoirs
au nouveau directeur, M. de Beaumont :

« A midi, le soleil levant et le soleil couchant se
réunissent dans le cabinet directorial, s'assoient
l'un vis-à-vis de l'autre, allument chacun un cigare,
et, sans échanger une parole, se mettent à fumer
comme deux locomotives.

« Cette partie de la cérémonie se prolonge jus-

1. 24 juin 1860.

qu'à deux heures. Alors commence le défilé de la troupe. »

Les étoiles paraissent. Elles sont toutes premiers sujets.

« Que d'étoiles ! s'écrie M. de Beaumont. — Ce n'est pas une troupe que je vous laisse, répond Roqueplan, c'est un firmament. »

Plusieurs artistes eurent l'occasion de voir ce jour-là, pour la première fois, leur « directeur sortant », qu'ils n'avaient pu aborder jusqu'alors.

« On a dit que M. Roqueplan, directeur de théâtre, avait retrouvé l'anneau de Gygès, un anneau qui avait la vertu de rendre invisible. Ses anciens pensionnaires de l'Opéra-Comique en sont encore persuadés et poètes et musiciens de l'endroit ne sont pas éloignés de le croire.

« Toutefois, l'auteur des *Trovatelles*, M. Duprato, affirme avoir vu Roqueplan et, de plus, lui avoir parlé. Si invraisemblable que soit le fait, nous le rapportons ici sous la responsabilité, bien entendu, du jeune compositeur. » (*Figaro*, 4 octobre 1860.)

A quatre heures, la cérémonie était terminée et le théâtre resta vide : « C'est, ajoute le *Figaro* décidément agressif, son état normal depuis quelque temps, à ce point qu'on peut établir des jets d'eau dans le parterre ; ça ne gênera personne. »

Le *Figaro* continue en accablant la gestion de Roqueplan à l'Opéra-Comique.

Les amis de Nestor Roqueplan auraient voulu jeter la responsabilité des mauvaises affaires du théâtre sur l'administrateur précédent, Perrin,

mais en voulant disculper Nestor, ils calomniaient
son prédécesseur.

La troupe était très médiocre. De plus Meyerbeer avait fait signer à Roqueplan un traité par
lequel il imposait Mme Cabel, artiste sans influence
sur la recette, aux appointements de 5oo francs
par soirée.

Roqueplan, las de payer les artistes un prix
exagéré, se serait livré à l'excès contraire : il ne
voulut plus rétribuer personne, pas même les
étoiles ; alors la plupart des chanteurs se retirèrent et Nestor dut engager des artistes inconnus,
ce qui, bien entendu, n'arrangea pas les affaires
du théâtre.

Le *Figaro* reconnaît cependant qu'il avait tenté
de courageux efforts pour rendre sa prospérité à
notre seconde scène de musique.

Il avait engagé le ténor Montaubry à raison de
45 ooo francs par an pendant cinq ans seulement
et sous la garantie d'un dédit formidable.

Cependant, Roqueplan qui ne s'était jamais
gêné comme journaliste pour attaquer et critiquer
quand il le jugeait à propos, intenta, en 185g, un
procès en dommages-intérêts au *Figaro* ou plutôt à MM. de Villemessant, A. Villemot et
B. Jouvin, devant la première chambre civile de
la Seine.

Il se plaignait, non pas tant des attaques portées
par le *Figaro* contre l'Opéra-Comique, que de
certains échos relatifs aux faits et gestes du personnel du théâtre, échos qui s'étendaient sur une
période de treize mois.

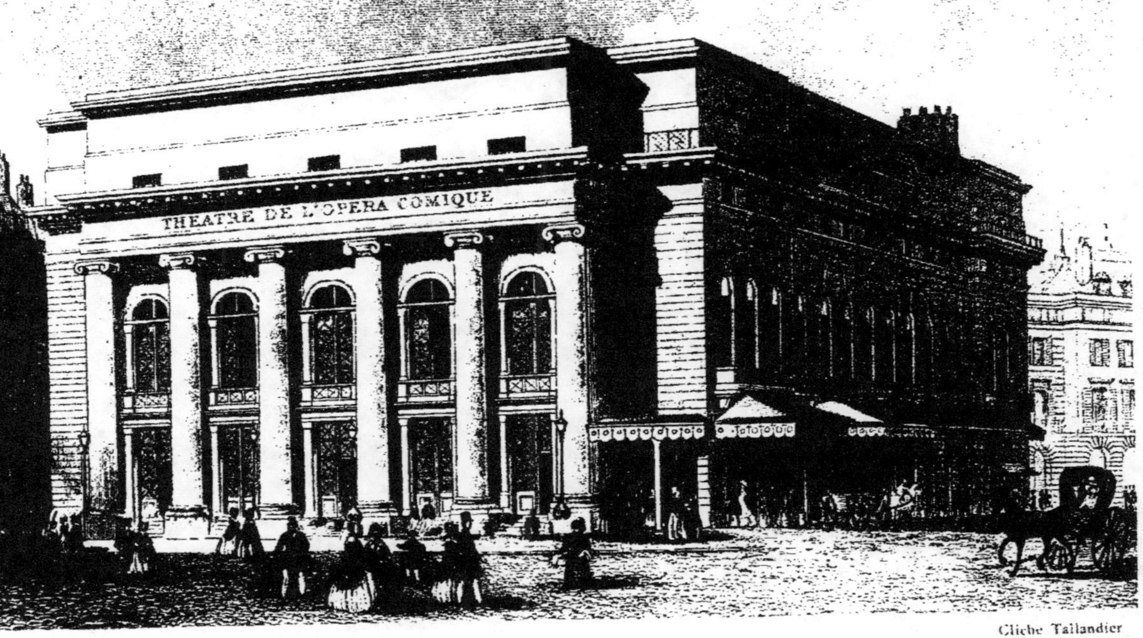

LE THÉATRE DE L'OPÉRA-COMIQUE
d'après une gravure du temps

Villemessant se permet, à ce propos, de rappeler à Roqueplan leur ancienne amitié et aussi
l'entrevue qu'ils eurent avant la première représentation des *Trois Nicolas* à l'Opéra-Comique.

On se doutait au *Figaro* que cette pièce ne serait
pas un succès. Villemessant vint trouver Roqueplan dans son cabinet.

« Je sais, lui dit-il, que Jouvin (critique théâtral
du *Figaro*) sera sévère pour la pièce, mais vous
jouez une grosse partie, et je veux vous prouver
une fois de plus que je suis votre ami.

« Le journal vous appartient. Rendez compte
des *Trois Nicolas* dans le *Figaro*, comme vous le
fîtes autrefois pour *Le Juif Errant* dans le *Constitutionnel*.

« Nous ferons voyager Jouvin pour expliquer la
substitution au public. »

Roqueplan demanda à réfléchir, puis refusa,
sous prétexte que la première expérience qu'il
avait faite de ce procédé, lors du *Juif Errant,* ne
lui avait attiré que des désagréments.

Villemessant écrivit alors à Roqueplan pour lui
rappeler que le *Figaro* l'avait soutenu dans bien
des circonstances, entre autres lorsque Nestor
quitta l'Opéra, et qu'alors, le journal publia un
article intitulé : *A un pouvoir tombé*, article qu'il
reproduit d'ailleurs.

Le vendredi 11 février 1859, le procès est appelé
à l'audience de la première chambre du tribunal
civil. Me Paillard de Villeneuve plaide pour Roqueplan. Le *Figaro* est représenté par Mes Burdin,
avoué, Lachaud et Caraby, avocats.

L'audience fut remise à huitaine, puis... on ne trouve plus trace de ce procès pour la bonne raison qu'il s'arrangea à l'amiable... devant une bouteille de Chambertin que se partagèrent Villemot et Roqueplan qui s'étaient rencontrés sur le boulevard. Ce qui prouve, une fois de plus, que, dans la vie, tout finit par s'arranger, comme le dira plus tard Alfred Capus.

LE CHATELET (1869-1870)
MORT DE NESTOR ROQUEPLAN (1870)

Roqueplan avait donc quitté la direction de l'Opéra-Comique en 1860. Après les déboires financiers qui marquèrent ses gestions successives à l'Opéra et à l'Opéra-Comique, on aurait pu croire qu'il ne se trouverait plus jamais personne pour lui confier encore un théâtre, et pourtant la « Société Parisienne », propriétaire du Châtelet, imagina, en 1869, de confier à Nestor Roqueplan la direction de son établissement.

« On assure, lisons-nous dans le *Constitutionnel* du
12 mai 1869, que M. Roqueplan doit signer demain
un traité qui l'investit de la direction du théâtre
du Châtelet. »

Commentant cette note, le *Figaro* du lendemain déclare : « Dans un autre journal, ce ne pourrait n'être qu'un cancan, mais, insérée dans celui où
M. Nestor Roqueplan fait la critique des théâtres,
cette note donne à la nouvelle qu'elle annonce
un cachet de véracité qu'on ne peut méconnaître. »

Le *Figaro* ajoute que si Roqueplan devient directeur du Châtelet, il mettra à exécution l'idée qu'il
a depuis longtemps de créer un foyer littéraire.

« Dans un salon particulier, aménagé avec élégance, pourvu de tous les journaux, les publi-
cistes seront admis chaque soir. On causera, chose
de plus en plus rare, on fumera aussi, car le cigare
a des droits superbes. Un vrai foyer de Rambouillet, comme l'a défini quelqu'un. »

Enfin le 13 mai, Roqueplan signait avec la
« Société Parisienne » le bail qui le rendait directeur du Châtelet.

La « Société Parisienne » était représentée par
MM. Tricot, Fontaine et Caillard. M. Harmant,
retenu à Passy par la première communion de sa
fille, signa l'acte dans la soirée.

« M. Roqueplan a immédiatement versé la
somme de ... ceci est de la ... bourse privée »,
raconte le *Figaro*.

Malgré ses nouvelles fonctions au Châtelet,
Roqueplan conservait sa place de critique dramatique au *Constitutionnel*.

Il lui fallait certes une belle foi en son étoile, pour, après ses déboires de l'Opéra et de l'Opéra-Comique, prendre encore la direction du Châtelet qui venait de subir deux faillites successives ; ceci ne l'empêche pas d'annoncer une féerie nouvelle de Clairville et Albert Monnier : *Le Chat Botté*, d'après le conte de Perrault. Cependant, effrayé par les frais que nécessite une pièce nouvelle, Roqueplan préféra inaugurer sa direction par une reprise de *La Poudre de Perlimpinpin*, une des meilleures féeries déjà jouées.

Mais il fallait du temps pour monter ce spectacle, et Roqueplan, comme don de joyeux avènement au Châtelet, eut la très bonne idée de donner tout d'abord une représentation extraordinaire au bénéfice des artistes du théâtre.

Elle eut lieu le jeudi 20 mai 1869 à six heures trois quarts.

Le programme comprenait : *Suzanne et les deux vieillards*, comédie en un acte de Meilhac, jouée par Derval, Pradeau, Villeray et Mme Massin ; *L'honneur et l'argent*, comédie en cinq actes de Ponsard, jouée par Got, Delaunay, Maubant, Talbot, Mirecourt, Barré, Garraud, Sevestre, Coquelin-Cadet, Prudhon, Boucher et Mmes Dubois, Nathalie, Royer.

Venait ensuite un grand concert par Roger, Faure et Mme Miolhan-Carvalho, puis le quatrième acte de *Monsieur de Pourceaugnac* avec Raynaud, Saint-Léon, Roger, Beauvallet, etc.

En attendant *La Poudre de Perlimpinpin*, et pour que les artistes ne restassent pas sans subsides,

Roqueplan les autorisa à s'organiser en société
pour jouer, en prenant la recette à leur profit. Si
les frais dépassaient la recette, Roqueplan promet-
tait de combler le déficit de sa poche.

« On n'est pas plus gentilhomme », déclare le
Figaro (24 mai 1869).

Le 23 mai, les artistes, réunis en société, avaient
joué *Le Naufrage de la Méduse,* drame en cinq
actes de Desnoyers.

C'était en matinée, il faisait très beau et peu
de spectateurs se résolurent à venir s'enfermer
au théâtre, aussi la recette ne fut-elle que de 1000
francs, mais Roqueplan était là pour combler la
différence.

Cependant, le 3 juin, la société des artistes du
Châtelet se réunit et, par quinze voix contre huit,
décida de ne pas continuer les représentations.
La société fut donc dissoute.

*
* *

Cependant, les répétitions de *La Poudre de Perlimpinpin* commençaient, et le 8 juin, il y eut dans
le bureau de Roqueplan, assisté de son régisseur,
M. Rey, tout un défilé de jeunes danseuses qui
venaient montrer toutes leurs séductions cho-
régraphiques et aussi leurs corsages et leurs
mollets.

C'est aux meilleurs peintres que Roqueplan
s'adressa pour l'exécution des décors de la féerie :
Jambon, Desplechin, Daran, Poisson et Chéret.

Les rôles de *La Poudre de Perlimpinpin* sont

enfin distribués, et les répétitions ont lieu chaque
jour malgré trente-trois degrés de chaleur.

Lesueur, Leriche, Tacova, Tousé, Courtès et
Mmes Martel, Heyman, Mariani, Carmen et Duprez
se partagent l'interprétation.

Pour les trois grands ballets, dont celui des
amours promet d'être une merveille, Roqueplan a
recruté quatre-vingts danseuses à Vienne, Milan,
Londres et Paris. La danseuse-étoile était Victorine
Legrain.

Roqueplan réglait lui-même tous les effets déco-
ratifs avec son coup d'œil d'ancien directeur de
l'Opéra.

« Dans le Palais des Porcelaines, raconte le
Figaro (24 août), on utilise toute la profondeur de
la scène, ce qui produit une perspective merveil-
leuse.

« Depuis la fameuse charge de cavalerie de
Marengo, on n'avait plus utilisé cette précieuse et
exceptionnelle ressource de la vaste scène du
Châtelet. »

C'est au cours d'une de ces répétitions que
Roqueplan, qui, ainsi que nous l'avons dit, était
un puriste en matière de langage, éprouva quelque stupeur en constatant que les artistes, les
dames surtout, parlaient plutôt comme à Belleville
que comme au Conservatoire et qu'elles pronon-
çaient le prince « Vive-Argent » au lieu de « Vif-
Argent ».

L'oreille de l'aristocrate directeur en fut fort
agacée.

Enfin, le 4 septembre 1869, le Châtelet faisait sa

réouverture officielle avec *La Poudre de Perlim-pinpin*.

Dans son compte rendu, le *Figaro* n'épargne pas les critiques à la nouvelle direction, il dit que les trappes ne jouaient pas, que les toiles de fond s'arrêtaient à moitié route, que les trucs se débinaient eux-mêmes.

Enfin, cette féerie ne fut pas un succès, car, le 15 septembre, on reparlait déjà d'une reprise ébouriffante d'*Orphée aux Enfers* avec Hortense Schneider ; mais ce projet n'eut jamais de suite, et le 2 décembre, le Châtelet faisait relâche pour les répétitions de sa grande revue de fin d'année : *Paris-Revue,* quatre actes, un prologue et vingt-quatre tableaux de Clairville, Siraudin et Busnach.

La première représentation eut lieu le 27 décembre.

Dans la salle, on reconnaissait Théophile Gautier qui revenait d'Égypte, Rochefort, caché dans une baignoire, Blanche d'Antigny, Mlle Merkovitch, Anna Deslions, Adèle Page.

Il y eut quelque tumulte dans la salle, on échangea des flèches... en papier et aussi quelques coups de poing.

Le dimanche 2 janvier 1870, le Châtelet faisait dix mille francs de recettes avec cette revue.

On admirait, au prologue, une vue de Paris à minuit, avec les refuges éclairés au gaz, les boutiques également éclairées, les voitures, la sortie des théâtres ; au premier acte, la gare Saint-Lazare avec un vrai train sortant du tunnel des Batignolles. Au deuxième, la lune

Cliché Tallandier

INAUGURATION DU THÉATRE IMPÉRIAL DU CHATELET, LE 19 AOUT 1862
d'après une gravure du temps

Au troisième, une fête à Suez et l'inauguration du canal.

Au quatrième, l'apothéose finale avec des fleurs vivantes.

Cependant, le théâtre ne devait pas faire de brillantes affaires, car, dès le mois de février, le bruit courait que trois candidats nouveaux auraient l'intention de se réunir pour prendre ensemble la direction du Châtelet.

Il s'agissait de MM. Sari, Marc Fournier et Hostein, mais ce n'était sans doute qu'une rumeur, car ce projet n'eut jamais de suite.

Le 24 mars, le succès de la revue étant épuisé, le Châtelet donnait la première représentation des *Cosaques*, drame en cinq actes et dix tableaux de MM. Alphonse Arnault et Judicis.

Les recettes du Châtelet, pendant la gestion Roqueplan (avril 1869-avril 1870), furent, malgré trois mois de relâche, de 867 872 francs.

Il faut noter que ce théâtre occupait la septième place sur la liste des vingt-trois salles que Paris comptait alors. Cependant, ces recettes n'étaient pas suffisantes pour compenser les frais énormes nécessités par la mise en scène qui fut toujours si importante au Châtelet, et un ami de Roqueplan, qui connaissait la situation du théâtre, vint le trouver pour lui proposer une somme de dix mille francs qui pourrait peut-être le sauver.

Roqueplan se rendit immédiatement chez M. Schayé, son agréé, auquel il demanda ce qu'il devait faire de cette somme.

« Il faut la rendre, lui dit celui-ci. — J'y pensais », répondit Roqueplan qui refusa à son ami le service proposé[1].

Fatigué par les luttes qu'il avait dû soutenir, découragé par les déboires subis et le corps usé par la vie qu'il avait menée, Roqueplan fut frappé, le 17 avril 1870, d'une congestion au cerveau, suivie de paralysie. Il se fit alors installer un petit appartement dans son théâtre même ; se sentant mal, il fit hâter la liquidation de sa succession, et nommer son neveu Henriot (le fils de sa sœur), directeur du Châtelet à sa place.

En prenant la direction de ce théâtre, M. Henriot faisait une bonne action en ce sens qu'il délivrait son pauvre oncle des soucis d'une affaire qui devait hâter sa fin.

En outre, plusieurs amis de Roqueplan s'étaient engagés à fournir à M. Henriot une somme suffisante pour diriger le théâtre, du moins pendant quelque temps.

Quand Roqueplan eut arrangé ses affaires de famille, beaucoup d'importuns vinrent le féliciter, mais, bientôt, las de ces témoignages d'affection de forme banale, il finit par dire à l'un de ces empressés : « Bon, bon, merci ! J'en ai assez de ces amitiés de garde nationale[2]. »

Quand il fut mort, tous ces soi-disant amis se retirèrent.

« Il ne faut pas s'en étonner, dit le *Figaro*[3], ni

1. Villemessant, *op. cit.*, t. III, p. 217.
2. Villemessant.
3. 28 mai 1870.

les accuser d'ingratitude, c'est de la lassitude, tout au plus. »

Le 24 avril 1870, à trois heures de l'après-midi, alors qu'on le mettait sur une civière pour le transporter chez lui, rue Taitbout, Nestor Roqueplan se retourna vers ceux qui l'entouraient en disant : « Quel bonheur, je meurs proprement ! » Ce furent ses dernières paroles.

La mort l'avait frappé en plein travail, dans son théâtre même. Deux heures avant de mourir, il avait eu la visite du célèbre professeur Ricord qui, malgré sa longue habitude de la souffrance, ne put réprimer la douloureuse impression qu'il ressentit devant ce visage méconnaissable.

« Il avait eu de l'esprit pendant quarante-cinq ans sans interruption, dit Jules Prével dans son article nécrologique du *Figaro*. Par malheur, comme il arrive à beaucoup de journalistes, son nom et sa réputation survivront, plutôt que son œuvre. »

Quelques jours plus tard, toujours dans le *Figaro*, Gustave Lafargue disait[1] : « C'était le gentilhomme par excellence, aux formes, à la politesse exquises, plein de cœur tout en voulant paraître sceptique. »

Nous avons insisté à plusieurs reprises sur ce soi-disant scepticisme, voulu chez Nestor, et qui cachait une bonté et une sensibilité extrêmes.

Comme Roqueplan était mort à trois heures de l'après-midi, plusieurs personnes s'étonnèrent que

---

1. 27 avril 1870.

le Châtelet ait joué le soir même. On voulait transporter le corps rue Taitbout : il devenait alors absolument indispensable de cacher la mort afin que la représentation du soir pût avoir lieu.

Alors, vers une heure du matin, on put voir sortir du théâtre, sous l'œil du régisseur Rey et du chef machiniste Riotton, par une porte donnant sur l'avenue Victoria, une civière accompagnée de quelques amis et escortée d'un commissaire de police, suivi de deux agents : c'était le corps du directeur du Châtelet qu'on transportait à sa demeure particulière. Six personnes suivaient : sa sœur, sa belle-sœur, ses deux neveux et nièces.

Les obsèques furent célébrées le jeudi 26 avril, à Notre-Dame-de-Lorette, à trois heures de l'après-midi.

Une foule énorme stationnait, rue Taitbout, devant le domicile du défunt. Le deuil était conduit par son neveu, Gaston Henriot. Tous les assistants ne purent entrer dans l'église. Cette foule de gens de théâtre et de journalistes ne se montra pas précisément recueillie pendant la cérémonie : bavardages et papotages ne cessèrent, mais n'en est-il pas souvent de même aux obsèques de ceux qu'il est d'usage d'appeler « une personnalité très parisienne » ?

Nestor Roqueplan fut enterré au cimetière Montmartre.

Frédéric Thomas prit la parole au nom de la Société des gens de lettres : il fit un discours assez banal et un peu emphatique. « Du moins, lui (Roqueplan), écrivent MM. Ginisty et Quatrelles de l'Épine[1], il emportera, en fermant les yeux, l'image d'un Paris souriant, et il ne le verra pas assiégé, mourant de faim et de froid sous la pluie des bombes. »

De son côté Edmond Got, doyen de la Comédie Française, écrit dans son journal, à la date du 1er mai 1870 : « Comme Nestor Roqueplan est mort à propos! La bêtise politique et sociale allait par trop lui gâter son Paris. »

Le dernier article de Roqueplan dans le *Constitutionnel* avait paru le 25 avril, le lendemain de sa mort, annoncée dans le même numéro.

Le 1er mai, le *Constitutionnel* lui consacrait un article sous la signature de David du Crosel.

Nous en citerons quelques passages :

« Perdre un homme célèbre, ce n'est rien pour une ville.

« Une réputation meurt, une autre va naître de la mort comme du calice des fleurs se dégage une fine poussière : étamines qui engendreront d'autres fleurs. Mais l'ami qu'on a vu la veille, dont on a serré la main, et qui disparaît à l'improviste, le remplacera-t-on de même? Je ne le crois pas.

« Pauvre Roqueplan, si jeune et si vieux, son tour était venu!

« Qui l'eût pensé? Il avait pris des rallonges à sa jeunesse, mais il n'était point entré dans les quartiers d'hiver de la vieillesse, et lorsque la fin l'a touché, lui qui n'eut jamais touché à sa fin, chacun s'est écrié : « Déjà! »

1. *Op. cit.*, p. 230.

Le journaliste fait ensuite un bref résumé de la vie de Roqueplan.

Nestor avait une ambition : celle de devenir millionnaire, mais la fortune est capricieuse, elle ressemble à la pantoufle du conte de fées que le prince dut essayer à tant de femmes avant de trouver Cendrillon : « Roqueplan quitta le soulier miraculeux au moment où il croyait l'avoir chaussé pour toujours. »

Malgré toutes ses entreprises, toutes ses directions théâtrales pour lesquelles il avait dépensé son temps personnel et l'argent des autres, il ne put réussir : « il rentrait de ses campagnes en général vaincu qui a perdu tous ses hommes et qui reste bon tacticien. »

Il est certain qu'il réussit mieux comme journaliste.

*
* *

Nous avons insisté maintes fois sur les grandes qualités de cœur de Roqueplan.

Citons encore de lui ces quelques traits : quand il fut directeur de l'Opéra, Nestor logea son frère dans une dépendance du théâtre.

Il disait un jour à l'une de ses nièces qu'il était par nature mélancolique et rêveur, et que, pour se soustraire à l'influence de ce double état, il cherchait à s'étourdir par le sarcasme et l'ironie.

Après la première crise qui faillit l'emporter, il dit à son ami Siraudin : « J'ai été bien près de mourir. » Puis, tournant ses regards vers un rameau de buis qui trempait dans un bénitier : « Mes yeux, ajouta-t-il, se sont accrochés à ce rameau : ça a été pour moi une branche de salut. »

Nous insisterons plus loin sur la sincérité de ses convictions catholiques, il ne s'en cachait d'ailleurs pas, mais il ne s'en vantait pas non plus.

Journaliste de talent, directeur de théâtres importants, tel fut cet homme élégant, fort à la mode en son temps, et qu'il est d'usage, aujourd'hui encore, d'évoquer chaque fois qu'il est question de cette amusante époque où Paris appartenait aux Parisiens et où cette essence subtile, dénommée « Parisine » par le brillant Nestor, flottait comme un parfum dans l'air de la grand'ville.

CONCERTS, BALS, LIEUX DE PLAISIR
ET AUTRES ÉTABLISSEMENTS PUBLICS

Si Nestor Roqueplan et sa bande fréquentaient surtout le boulevard, il leur arrivait certainement de passer parfois quelques instants dans les établissements publics alors à la mode.

Si les jardins de Frascati, auxquels nous avons déjà fait allusion, avaient disparu au beau temps de Nestor Roqueplan, et si le Café Turc, avec ses jardins, boulevard du Temple, était dédaigné des véritables élégants, il était de bon ton, pour un dandy, de se montrer au Concert Musard, à Mabille, ou bien encore au Jardin d'Hiver, sinon au Château des Fleurs.

Cliché Tallandier

LE PRÉ CATELAN SOUS LE SECOND EMPIRE
d'après une gravure du temps

Pl. — XI.

Ces quatre établissements étaient situés aux Champs- Élysées et nous ne nous étendrons pas à leur sujet, l'ayant déjà fait dans un précédent ouvrage.

TIVOLI

Non loin du boulevard, du côté de la place de la Trinité actuelle, exista longtemps un lieu célèbre, agrémenté d'un jardin ombragé. C'était Tivoli. Il était situé sur l'emplacement de la Folie Boutin, qui, avant 1789, était propriété de M. Boutin, intendant de la marine.

On y donnait de fort belles fêtes.

C'est ainsi qu'en 1829, le 3 août, le jardin était étincelant d'illuminations, et le journal *Le Sylphe*, auquel nous empruntons ces détails, nous raconte que :

« Des devises en l'honneur de « Madame » (la duchesse de Berry) qui honorait de sa présence la fête de M. Robertson, se découpaient en lettres de feu sur le fond rembruni d'une mouvante verdure ; plusieurs orchestres, placés çà et là dans les bosquets, se renvoyaient par intervalles une lointaine harmonie et semblaient être l'écho l'un de l'autre. Les courses de chevaux, les chemins suspendus, les gondoles aériennes, mille jeux divers, et cette foule de jolies femmes disséminées sous ces beaux ombrages comme autant de fleurs dans les bandes d'un parterre, tout contribuait à faire de Tivoli un séjour d'enchantement et dedélices.

« On y vit plus qu'ailleurs, car on y vit de tous les sens à la fois. Cependant, trois sentiments prédominent comme partout : curiosité, amour et vanité, ces trois roues du tricycle de l'existence.»

Plus tard, le 21 juin 1837, il y eut, à Tivoli, un superbe tournoi que Mme de Girardin nous décrit dans ses *Souvenirs du vicomte de Launay*.

«Tout Paris voudra voir le grand carrousel et plus d'un étudiant imitera ce brave jeune homme qui entra un soir à Tivoli sans billet en disant avec assurance : «Je suis Tivoli fils», comme on disait Franconi père. On le laissa passer.»

Ce jeune homme, auquel fait allusion Mme de Girardin, était un joyeux farceur du nom de Cabanon ; il y en avait un grand nombre du même acabit à cette époque, et Roger de Beauvoir parle de lui dans : *Soupeurs de mon temps*.

«C'est à Tivoli, poursuit Mme de Girardin, qu'il faut aller pour étudier les modes nouvelles ; c'est là que les plus belles femmes se donnent rendez-vous. Quelle élégance, quelle fraîcheur dans toutes ces parures ! »

Cet établissement de Tivoli, qui devait être quelque chose comme notre Luna-Park actuel, s'étendait très loin : de la rue Saint-Lazare jusqu'aux rues d'Athènes, de Londres et de Clichy et au passage Tivoli actuel. Si l'on entre aujourd'hui dans le hall des services financiers d'une de nos grandes compagnies de chemins de fer, on aperçoit, dans une cour, quelques arbres qui sont les derniers vestiges des jardins de Tivoli.

Plus tard, sous le Second Empire, quand cet établissement eut disparu, un Nouveau Tivoli s'édifia dans le quartier du Parc-Monceau, quasi désert alors et encore en friche ; mais s'il faut en croire les contemporains, ce Nouveau Tivoli ne rappelait en rien l'ancien et Texier, dans son *Tableau de Paris* écrit en 1852, dit que ce serait une véritable profanation si le jardin répondait à la mesquinerie de l'édifice, mais qu'il n'en est heureusement rien, car « de longues rangées de bosquets touffus et des allées bien sablées encadrent une magnifique terrasse où peuvent s'ébattre à la fois plusieurs centaines de danseurs ».

On y trouvait un tir aux pigeons.

Un mur séparait le Nouveau Tivoli du parc Monceau qui, à cette époque, n'était ouvert que deux ou trois jours par semaine, aux personnes munies de cartes d'entrée qu'on obtenait d'ailleurs facilement.

LE PRÉ CATELAN

Et pendant que nous parlons des parcs, notons qu'en 1856, Nestor Roqueplan, qu'on rencontre décidément à chaque pas dans la petite histoire du Paris de cette époque, obtint de l'Impératrice, qui aimait beaucoup son esprit, la concession pour quarante années du Pré Catelan, au Bois de Boulogne.

Roqueplan s'empressa d'ailleurs aussitôt de revendre cette concession quarante mille francs à M. Berr.

En somme il faisait avec le Pré Catelan la même opération qu'il avait faite jadis avec le théâtre de la Porte Saint-Antoine.

M. Berr, dès qu'il fut maître du terrain, le fit couvrir d'arbustes et de fleurs pour la valeur d'un million, car il n'y avait tout d'abord aucun arbre.

Le Pré Catelan mesurait plus de six hectares de superficie, dont trois pour le jardin ; on y voyait un théâtre de physique, des marionnettes italiennes, un télégraphe électrique, des concerts et la photographie Bisson frères.

L'entrée était de vingt centimes pour les piétons, cinquante centimes pour les cavaliers, un franc pour les voitures.

L'entrepreneur était Godillot. Il y eut une belle fête pour l'inauguration.

Un jour que Berr montrait à Roqueplan les merveilles du Pré Catelan : « Oui, c'est charmant, charmant, s'écria Nestor, et puis c'est extrêmement commode ; une fois les gens entrés là-dedans, on peut aussi leur faire payer cinquante centimes pour leur faire voir le Bois de Boulogne. »

Toute la critique de l'invention du Pré Catelan est dans cette plaisanterie.

LES NÉOTHERMES

Parmi les lieux publics jadis à la mode, il nous faut mentionner non seulement les endroits où l'on pouvait se distraire, mais aussi certains établissements d'hydrothérapie particulièrement achalandés.

Si les piscines, telles que nous les concevons actuellement, n'existaient pas encore, il y avait les Bains Chinois dont nous avons déjà parlé dans le chapitre du Boulevard.

Non loin de là existait un autre établissement, au moins aussi confortable, si ce n'est plus, si nous en croyons l'annonce trouvée dans un *Bottin* du Second Empire. Nous voulons parler des *Néothermes*, situées 56, rue de la Victoire, qui succédaient au Théâtre Olympique, précédemment édifié sur le même emplacement.

Les Néothermes ont fait place aujourd'hui à une grande compagnie d'assurances.

On trouvait aux Néothermes de l'eau de source à neuf degrés, des douches et bains médicaux de toute espèce. Et le *Bottin* ajoute : « On reçoit des pensionnaires et des externes. Une source qui jaillit dans l'établissement même permet de suivre le traitement pendant l'été, ce qui serait impossible avec l'eau de Seine dont la température atteint vingt-deux degrés. »

Il y avait plusieurs billards et un jardin magnifique. C'est aux Néothermes de la rue de la Victoire que le fameux comte de Courchamps allait se réfugier lorsqu'il craignait les créanciers ou la visite d'une victime de ses acerbes épigrammes.

Il se rendait chaque jour à la bibliothèque de l'établissement, et c'est en fouillant dans les livres qu'il trouva la matière de ses fameux mémoires apocryphes de la marquise de Créquy.

Ses amis, Roger de Beauvoir en tête, venaient le voir presque chaque jour, et M. Marquiset nous conte, dans son intéressant ouvrage *Romieu et Courchamps,* que, « avec des grâces exquises, un air bénin, le petit doigt en crochet, dans un langage régence, il entreprenait une victime et la retournait comme une araignée tenaille une mouche dans sa toile ».

En 1841, Courchamps écrit plusieurs lettres datées des Néothermes. Enfin, en 1845, il quitte définitivement son appartement du 352, rue Saint-Honoré pour s'installer aux Néothermes. Il devait mourir à Sainte-Périne le 16 octobre 1849.

Roger de Beauvoir raconte dans *Soupeurs de mon temps* que la cuisine des Néothermes avait un côté faible, celui des assaisonnements et que Courchamps eut la gloire d'indiquer au chef une nouvelle route, de sorte que chacun vint lui demander sa recette pour les coulis. Courchamps sortait rarement, ajoute Roger de Beauvoir. « Sa cour ordinaire de visiteurs lui trouvait l'air d'un vieux rat retiré dans son fromage. »

Ainsi à cette époque où l'on n'aimait guère les voyages, qui, d'ailleurs, n'étaient pas toujours faciles, les Parisiens pouvaient s'offrir une saison d'eaux sans sortir de leur chère capitale.

LE MONDE ET LES MŒURS

Les mœurs parisiennes
ont beaucoup changé de-
puis un siècle. Or, l'avenir
ayant toujours appartenu
à la jeunesse, il nous
semble que c'est surtout
la vie des jeunes gens de
la Restauration, de Louis-Philippe et du Second
Empire qu'il nous faut étudier pour nous faire une
idée de ces changements.

Et pour cela quelle meilleure source de rensei-
gnements que les lettres adressées à leurs parents
par de jeunes provinciaux qui débarquaient à
Paris pour achever leurs études?

C'est ainsi que la *Revue hebdomadaire* a publié, les 3 et 10 septembre 1927, les lettres de Bonaventure Laurens, commentées par M. Robert Caillet.

Jeune homme originaire de Carpentras, Bonaventure Laurens était né en 1801 ; en 1825, curieux de connaître Paris, il prend la diligence de la Compagnie des Messageries Générales, débarque dans la capitale le 12 mars et écrit à ses parents des détails bien pittoresques sur le Paris de l'époque.

Si Bonaventure Laurens était méridional, deux ans plus tard, en 1827, c'est, au contraire, un jeune étudiant du Nord qui débarquait à Paris pour y faire ses études de droit.

Nous voulons parler de Louis Noël, peu connu du grand public, mais qui pourtant, poète lui-même, fréquenta, au temps de leur jeunesse, chez Victor Hugo, Sainte-Beuve, Chateaubriand, Lamartine et Casimir Delavigne.

Des relations de famille font que nous possédons un ouvrage hors commerce, daté de 1877, et qui contient, avec les œuvres de Louis Noël et sa correspondance, sa biographie par Adolphe Joanne.

Né à Saint-Pierre-lès-Calais le 9 février 1807, Louis Noël était fils d'un brasseur qui n'avait que le défaut d'être trop bon.

Après d'excellentes études au collège de Saint-Omer, on l'envoya faire son droit à Paris en 1827.

Notre jeune homme a donc à peine vingt ans

lorsqu'il débarque dans la capitale le 9 janvier de cette année-là, et, deux jours plus tard, il écrit ses premières impressions à sa sœur Élisa. C'est un tableau vécu du Paris de 1827. Jugez-en :

« Me voilà donc arrivé dans la capitale, ma chère Élisa. Voilà ce Paris dont on parle tant ! Je traverse différentes rues assez étroites : j'examine à travers la glace de la voiture des maisons plus ou moins belles, dont ma vue ne peut atteindre le faîte.

« Je tremble à chaque instant de nous voir accrochés par les nombreuses voitures qui roulent et se croisent en tous sens ; cependant, nous sommes rendus sans encombre dans la cour des Messageries. Mes malles une fois visitées, je demande un fiacre et m'apprête à partir lorsque j'aperçois l'ami B... qui m'attendait depuis longtemps. Nous montons dans la voiture et, après avoir traversé une bonne partie de Paris, nous arrivons à l'hôtel de Narbonne, rue de la Harpe, 89... »

Là, pour vingt francs par mois, le jeune étudiant a droit à une chambre avec un salon.

Il prend ses repas dans un petit restaurant à quelques pas de là où, pour dix-huit francs payés d'avance, il a droit à quinze dîners (deux plats au choix plus un dessert, le tout accompagné d'une bouteille de bière, de cidre ou de vin à volonté).

Les deux étudiants ne faisaient à ce restaurant qu'un seul repas par jour, tout au moins au début de leur séjour à Paris, car le jambon que les parents de Noël avaient mis dans ses provisions avant son départ de Saint-Omer permit aux deux jeunes gens de faire quinze repas ! Quel heureux temps ! Mais avouez que les étudiants de l'époque se montraient vraiment peu difficiles !

Continuons la lettre du jeune Noël.

« Vraiment Paris est le pays des gastronomes, mais non celui des amis du silence et de la propreté. Cette ville bruyante et tumultueuse, comme elle justifie bien la qualification de Jean-Jacques Rousseau : ville de boue et de fumée ! Cependant, cet inconvénient qui n'est pas sans avantage nous prouve une fois de plus que le souverain juge, près des maux, mit les biens. En effet, nos Parisiennes, jalouses de conserver intactes leurs toilettes, relèvent sans scrupule, presque jusqu'au genou, robe et jupons, de sorte que les amateurs de beaux mollets et de jambes bien tournées sont à même de faire un cours d'observations aussi intéressantes que variées. »

Mais Noël et son ami ne se cantonnent pas au quartier latin. Ils ont le vif et légitime désir de connaître ce Paris élégant dont les échos ont dû parvenir jusqu'en leur province.

Or, en 1827, le boulevard commence à peine à être à la mode. Le Palais-Royal est encore dans toute sa vogue et c'est là qu'ils dirigent aussitôt leurs pas.

« Le soir de mon arrivée nous allâmes nous promener au Palais-Royal. C'est alors seulement que j'ai commencé à connaître Paris.

« Je n'essayerai pas de peindre la magnificence et l'éclat qui règnent dans ce brillant séjour ; j'ai été ébloui par cette masse de beautés et de richesses sans nombre. Entre autres choses, j'ai remarqué un escalier tout en cristal. J'étais tenté de croire que ce chef-d'œuvre d'élégance, de richesse et de goût venait de naître sous la baguette d'une Circé ou d'une Armide. »

Quelques jours plus tard, Louis Noël va entendre Mlle Duchesnois dans *Phèdre* aux Français. Il revient enthousiasmé par ses accents sublimes.

Chargé par un de ses amis, auteur d'un poème, de présenter cette œuvre à Casimir Delavigne, Noël a du mal à joindre l'auteur dramatique, fort occupé par les répétitions d'une pièce aux Français.

Il finit tout de même par rencontrer Casimir Delavigne qui lui fit un accueil très bienveillant et promit de recommander le manuscrit de son ami A... au libraire Ladvocat.

En février 1829, Noël assiste au Théâtre Français à la nouvelle pièce d'Alexandre Dumas : *Henri III et sa cour*. Il fit queue pendant une heure. La salle était comble. La critique, dit Noël, loua comme il fallait les scènes éminemment dramatiques de la pièce, mais à son avis, le jeu incomparable de Mlle Mars méritait encore plus d'éloges : « Toutes les formules d'admiration sont épuisées pour elle tandis que, sans cesse, elle y acquiert de nouveaux droits. Elle a condamné l'éloge à devenir monotone, lorsque sans cesse elle en mérite de nouveaux. »

Et l'enthousiasme du jeune étudiant est à son comble lorsqu'il écrit (toujours dans une lettre adressée à sa sœur) : « Des éloges ! Des éloges ! O femme prodigieuse ! Quel froid et indigne hommage ! Non, non, il faut comme moi te voir, t'entendre, suivre d'un œil avide tes moindres mouvements, s'enivrer de tes regards, de ta voix, de ton sourire, s'animer des passions que tu exprimes, souffrir de tes douleurs et de tes craintes, jouir de tes joies et de tes espérances, n'oser respirer de peur de perdre un des sons de la musique enchanteresse de ton divin organe ; puis te quitter, ivre de plaisir, l'imagination enflammée, la tête pleine de rêves délicieux, possédé d'un fanatisme d'admiration, saisi d'une fièvre d'enthousiasme qui ne se calme que pour se ranimer avec plus d'énergie, aussitôt que ton nom vient frapper l'oreille et réveiller ton magique souvenir. Voilà, femme incomparable, le plus bel hommage qu'on puisse te rendre, le seul digne de toi. »

Bonaventure Laurens, lui aussi, exprima dans ses lettres son enthousiasme pour Mlle Mars.

Le talent de cette grande tragédienne devait être considérable, mais, eussions-nous de nos jours une nouvelle Mars, nos jeunes gens actuels seraient-ils capables de s'enthousiasmer de la sorte pour l'art dramatique ?

Après deux visites infructueuses, Noël a le bonheur d'être reçu par Victor Hugo. Or nous sommes à la veille de la première d'*Hernani*, date historique que d'aucuns fixent comme le début du romantisme. On comprend à quel point le jeune poète devait être occupé et Noël lui fut très reconnaissant de ce qu'il eût bien voulu le recevoir dans un pareil moment.

Voici la description que Noël fait de Victor Hugo :

« Celui qui remue en ce moment le monde littéraire, je le vois enfin. C'est un jeune homme de vingt-huit ans, d'une figure douce, aimable, gracieuse, des cheveux blonds qui encadrent négligemment un front large et saillant ; des yeux caves mais pleins de vivacité et de douceur ; un nez aquilin, une bouche petite, un teint légèrement coloré, des manières extrêmement affables, voilà l'homme qui soulève tant d'aveugles haines, autour duquel bourdonnent misérablement tant de médiocrités jalouses.

« Je me nommai. Il me fit un accueil charmant, tout à fait en harmonie avec sa lettre. Malheureusement, je ne pus causer longtemps avec lui. Il dut recevoir une foule de visites à l'occasion de sa pièce que répète le Théâtre Français. Quand je sortis, il vint me conduire jusqu'à sa porte, me témoigna beaucoup d'amitié, me serra la main, m'offrit des billets pour la première représentation de sa pièce, et m'engagea à revenir. Je n'y manquerai pas. »

Noël fait ensuite un récit vivant de cette première d'*Hernani* (25 février 1830).

On faisait queue dès une heure de l'après-midi et toutes les loges étaient louées six semaines à l'avance.

« C'était la grande bataille entre les classiques et les romantiques ; c'était le début au théâtre d'un jeune poète connu par l'audace avec laquelle il se jette dans les voies hasardeuses de la nouveauté.

« La curiosité était au comble et la salle aussi.

« Quel nombreux et brillant auditoire ! Tout ce qu'il y a de plus distingué dans les lettres, les arts, la finance, la noblesse se trouvait là : Chateaubriand, de Barante, le duc d'Orléans et sa famille, le duc de Choiseul, Laffitte, Rothschild, etc.

« La pièce obtint un succès complet et, qui plus est, un succès mérité. Après la représentation, tous les spectateurs se tournèrent vers Mme Hugo avec un tonnerre d'applaudissements et de bravos ; car, outre le trésor inappréciable du génie, Victor Hugo a encore un autre trésor, une femme jeune, jolie, douce, aimable et trois enfants charmants.

« Une foule de journaux ont maltraité sa pièce. Cela s'explique. Victor Hugo a le cortège ordinaire du génie, beaucoup d'envieux. Tous les auteurs dramatiques dont l'ancien genre est ruiné par le nouveau sont furieux contre lui, aussi ont-ils été souverainement injustes à son égard. »

Le *Constitutionnel* surtout se montra violent contre l'œuvre nouvelle.

Par contre, certains petits journaux, qu'on appellerait aujourd'hui d'avant-garde, se montrèrent enthousiastes pour *Hernani*. Le *Sylphe*, par exemple, dont le sous-titre était « Trilby, album des salons » et dont le compte rendu, non signé, est un éloge de l'œuvre d'Hugo.

L'auteur compare cette soirée historique à une éruption volcanique qui couvait depuis longtemps.

« Toutefois, ajoute-t-il, l'éducation du public ne

peut être que progressive comme celle des enfants.

« Accoutumés que nous étions à une nature conventionnelle, il a fallu nous montrer la vieille école ridicule d'abord, et c'est un soin que les journaux ont pris, puissamment aidés en cette excellente œuvre par les Jouy et les Arnault, puis un peu modifiée, c'est ce qu'ont fait les Soumet, puis romantisée, pour ainsi dire, par les Ancelot et les Casimir Delavigne ; puis renouvelée de fond en comble ainsi qu'il est arrivé par les Dumas et les Victor Hugo... »

Et l'auteur de l'article terminait ainsi : « Le dénouement l'emporte pour nous en pathétique sur *Othello*... Ce drame enfin, premier vol d'un aiglon superbe qui, d'un seul déploiement d'aile, vient envahir toute la scène française. »

La recette de la première représentation d'*Hernani* atteignit cinq mille cent trente-quatre francs, « chiffre-record » dirions-nous aujourd'hui. A la quatrième, on fit encore quatre mille quatre cent trente-trois francs.

Le journal *Le Sylphe* dénonce dans son numéro du 2 mars les manœuvres « anti-hernanistes » de certains journaux et de certains spectateurs.

Ajoutons que d'après un renseignement donné par ce même journal, Victor Hugo vendit quinze mille francs les trois premières éditions à 2 000 exemplaires d'*Hernani*.

« Les libraires-éditeurs Mame et Delaunay-Vallée mettront en vente l'ouvrage samedi prochain. »

Le Sylphe continue à dénoncer la « cafarderie littéraire qui s'évertue à essayer de faire tomber la pièce.

« L'un annonce que l'auteur a retiré sa pièce, l'autre qu'il est assez entêté pour exiger qu'on continue de la jouer, un troisième qu'elle est tombée à plat lors d'une des dernières représentations, un quatrième qu'à cette même représentation, les agents du préfet de police ont appréhendé au corps un individu qui sifflait, ce qui a fait que personne n'osait plus se permettre de signes d'improbations de sorte que la pièce put obtenir de nouveau un succès incontesté. »

Chaque soir, d'ailleurs, le succès se confirme. S. A. R. la duchesse de Berry assiste à la sixième représentation. « Nous avons vu souvent l'auguste princesse joindre ses applaudissements à ceux du public. »

Le Corsaire qui avait attaqué *Hernani* constate enfin sa vogue, mais il s'empresse d'ajouter que ce n'est qu'une vogue de curiosité.

A la Gaîté on joue *Hocnani*, parodie d'*Hernani*; des parodies également aux Variétés et au Vaudeville.

Entre temps, Louis Noël continue à cultiver la connaissance de Victor Hugo. Poète lui-même, Noël comprend l'influence que pareille fréquentation peut avoir sur son avenir : « Jamais, dit-il, je n'ai vu tant de douceur et tant de bonté alliées à tant de génie. Il accueille tout le monde avec une simplicité et une affabilité qui lui gagnent

Cliche Tallandier

UNE SOIRÉE A LA CHAUSSÉE D'ANTIN
d'après Gavarni

tous les cœurs. Quand je vais chez lui, ce qui m'arrive cinq ou six fois par semaine, toujours il me reçoit le sourire sur les lèvres, toujours avec une amicale poignée de main. »

Noël assiste aux quatorze premières représentations d'*Hernani*, et toujours avec des billets donnés par l'auteur.

Enfin Victor Hugo, connaissant l'admiration de Noël pour Mlle Mars, le conduit dans la loge de la tragédienne. On conçoit à quel point le jeune et enthousiaste étudiant devait être ému ce soir-là. Victor Hugo présenta Noël comme un ami à lui, et un admirateur à elle. « Elle m'a salué d'un très gracieux sourire et nous sommes restés à causer jusqu'à minuit passé. »

Pour en terminer avec Louis Noël qui, ses études achevées, va bientôt quitter Paris pour retourner dans sa province, notons le récit vivant qu'il fait de la révolution de 1830 :

« Il n'y a pas d'exemple dans l'histoire du monde d'une aussi belle révolution : il y a un élan, un courage, un ordre qui tiennent du prodige. Dans l'espace de quelques heures, on s'est emparé du Louvre, des Tuileries, de tous les postes, de tous les édifices publics et tout cela sans aucun des excès qui accompagnent d'ordinaire le déchaînement de la populace.

« Quelques hommes s'étant avisés de voler ont été fusillés sur-le-champ. Il règne parmi tous les citoyens une concorde, une union, une fraternité parfaites.

« Au moment où vous recevrez cette lettre, les

journaux vous auront donné de plus amples détails sur ces événements.

« C'est une chose attendrissante de voir la vénération dont le peuple entoure les élèves de l'École Polytechnique. Les élèves de l'École de Droit et de Médecine ont marché sous les ordres de ces jeunes héros.

« Tous les étrangers qui sont à Paris sont enthousiasmés de la conduite des Français. On a vu des Anglais et des Anglaises parés des couleurs tricolores. Un Irlandais a fait mettre son fils à la Garde Nationale. Aujourd'hui, plus que jamais, les Français sont le premier peuple du monde.

« Toutes les modistes sont occupées à fabriquer des cocardes. A chaque pas dans la rue on crie : « Allons, messieurs, mesdames, parez-vous « des couleurs nationales, des couleurs de la li- « berté pour un sou, pour deux sous, pour quatre « sous ! » C'est vraiment curieux. »

Enfant du peuple, nature généreuse, Noël s'enthousiasme pour les causes qui lui paraissent nobles et justes. Il s'enthousiasmera de même en quarante-huit et deviendra quelque peu socialiste. Il fut cependant toute sa vie un fonctionnaire modèle.

Retourné à Saint-Omer ses études terminées, il ne reviendra plus à Paris. Il fut nommé professeur de philosophie au collège de Saint-Omer et prononça plusieurs discours de distribution de prix. Quand il mourut subitement le 18 février 1875, il était bibliothécaire de la ville.

Il a laissé quelques poésies : *Épître à ma sœur, A Victor Hugo, A M. de Lamartine* et *A Mlle V. B.* (son amie, Mlle Virginie Bellart, poétesse elle-même, qui fut encouragée par Bérenger).

Tel fut Louis Noël, mais ce sont surtout ses lettres écrites de Paris lorsqu'il y fut étudiant qui nous ont semblé intéressantes pour la petite histoire des mœurs parisiennes de cette époque.

*
* *

Nous avons dit que certains auteurs font dater le début du romantisme littéraire de la première d'*Hernani*.

Cependant, M. Marcel Bouteron, dans son intéressant ouvrage : *Muses Romantiques*, nous dit que, dès 1819, Mme Desbordes-Valmore publie les *Élégies* qui, au moins autant que les *Méditations* de Lamartine, marquent le début du romantisme sentimental, le premier romantisme en date, celui qui précéda le romantisme en couleur des *Orientales*.

Les *Lettres Parisiennes* du vicomte de Launay (Mme de Girardin) que nous avons déjà citées sont un document précieux pour quiconque veut étudier les mœurs de cette époque, de même *L'Almanach des Muses* auquel, dit M. Bouteron, « les plus grands auteurs dramatiques ne dédaignaient pas de collaborer ».

Sophie Gay, mère de Mme de Girardin, eut un salon littéraire célèbre. Il y eut chez elle des réunions intimes, mais aussi des raouts pour la lecture de pièces de théâtre dont la maîtresse de maison était l'auteur.

C'est ainsi que le 12 novembre 1839, on lut *L'École des Journalistes*, devant Mmes de Barros, Ancelot, Ménessier et MM. Victor Hugo, Ballanche, Balzac, Jouy, Lemercier, Ancelot,. Süe, Émile Deschamps, Malitourne, Alphonse Karr, Adolphe de Custinne, Roger de Beauvoir, Jules Janin, etc.

Le salon de damas vert de Mme de Girardin est bondé, nous conte M. Bouteron. C'est Mme de Girardin, vêtue de blanc, qui lit ses vers elle-même.

Le salon de Mme Ancelot était moins simple, plus pontifiant.

Lady Blessington, l'amie du célèbre comte d'Orsay, reçut aussi beaucoup durant les années qu'elle passa à Paris.

Elle sortait souvent en compagnie de son mari, lord Blessington, et on les rencontrait dans les endroits à la mode, à la promenade de Longchamp, durant la semaine sainte, promenade qui mit à la mode l'allée de Longchamp, dite des Acacias, et qui, abandonnée pour le tour du lac durant le second empire, fut de nouveau fréquentée par les fringants équipages au debut de la troisième République. Mais le couvent de Longchamp, où l'on allait jadis en pèlerinage, a disparu depuis longtemps. Bien des réunions mondaines, aujourd'hui profanes, ont ainsi une origine religieuse.

A la promenade de Longchamp, il y a une centaine d'années, on rencontrait, dans leurs équipages, la princesse Bagration, M. Schikler et la duchesse d'Istrie, et M. Roger Boutet de Monvel, parlant dans *Les Anglais à Paris, 1800-1830,* de cette fameuse semaine de Longchamp, écrit : « Journées célèbres où se rendait en grande pompe toute l'armée fashionable, gens de cour et financiers, élégantes du faubourg et de la chaussée d'Antin, où défilaient sous l'œil des badauds émerveillés la dormeuse de Mlle Mars, le parasol du duc de Dalmatie et la daumont de M. de Rothschild. »

Puis on rencontrait encore les Blessington au Vaudeville où ils assistaient à la dernière pièce de M. Scribe, aux Variétés, où Potier triomphait dans le *Ci-devant jeune homme,* à la Comédie Française où l'on jouait *Henri III et sa cour,* aux Italiens, où la *Malibran* enthousiasmait la salle, enfin à l'Opéra.

Les Blessington se montraient aussi dans les restaurants à la mode, chez Lointier, au *Cadran Bleu,* boulevard du Temple, au *Rocher de Cancale,* rue Mandar, et même ils se risquaient jusqu'au bal Tivoli, où parfois les gens du monde allaient passer quelques instants par curiosité, mais, d'après les chroniques du temps, il paraît que ces bals populaires étaient très « comme il faut » et que les couples y observaient la plus grande décence.

Sous ce rapport, les mœurs ont quelque peu changé !

*
* *

Elles ont bien changé aussi, en ce qui concerne les quartiers à la mode.

Actuellement, en raison de la crise du logement, les gens sont parfois obligés de s'installer
où rien ne les attire, ni goûts, ni habitudes, ni
relations.

Encore bien heureux de trouver un appartement !

Jadis, non seulement il y avait des quartiers à
la mode et d'autres qui ne l'étaient pas du tout,
mais, dans les classes aisées elles-mêmes, on
habitait de tel ou tel côté, suivant les professions.

C'est ainsi que le faubourg Saint-Germain fut
longtemps l'apanage de la seule noblesse, et ceci
remontait fort loin. Quand le nouveau palais du
Louvre fut édifié, sous François Ier, les courtisans
se firent construire des hôtels sur la rive gauche,
dans ce qui devait devenir le faubourg Saint-
Germain (du nom de l'abbaye de Saint-Germain-
des-Prés, qui possédait des terres immenses de
ce côté) et ce fut l'origine des beaux hôtels de
ce quartier dont plusieurs appartiennent encore
depuis cette époque à la même famille.

Il y avait à Paris, dans la première moitié du
dix-neuvième siècle, trois quartiers à la mode : le
faubourg Saint-Germain, habité par la noblesse,
la chaussée d'Antin où logeait la riche bourgeoisie et enfin le faubourg Saint-Honoré, quartier des
financiers.

Si le faubourg Saint-Germain et la chaussée
d'Antin daignaient parfois fusionner, ils n'eussent
pour rien au monde fréquenté le faubourg Saint-
Honoré, considéré comme le fief des nouveaux
riches.

Ces nuances entre les différents quartiers sont admirablement marquées dans l'œuvre de Balzac ; ainsi le milieu de Mme de Nucingen, femme d'un financier, est très différent de celui de sa sœur, la comtesse de Restaud.

« Au faubourg Saint-Germain, dit M. Jacques Boulenger dans les *Dandys,* on vivait comme en province, d'une existence unie et monotone, sous l'œil sévère de la duchesse d'Angoulême et de quelques vieilles douairières. »

Après la révolution de 1830, le faubourg Saint-Germain « bouda », suivant l'expression du temps. On se retira dans les châteaux ; et il était de bon ton de paraître ruiné.

Puis la vie mondaine reprit : d'abord sous prétexte de fêtes de charité. Il est d'ailleurs à remarquer que la charité est toujours le premier prétexte de reprise de la vie mondaine après les guerres, les révolutions ou tout autre bouleversement.

Nestor Roqueplan, dans ses spirituelles *Nouvelles à la main,* dont nous parlerons longuement plus loin, nous raconte que « en 1842, les salons du faubourg Saint-Germain, las de porter le deuil de la monarchie légitime, commencent à entr'ouvrir leurs portes. Le 11 janvier, la duchesse de Périgord a ouvert son hôtel à un monde tout aristocratique.

« Un meuble resté inachevé depuis la Révolution de 89 et récemment doré, a été l'objet de l'admiration générale. »

Ce dernier trait est ce que nous appellerions

aujourd'hui une « rosserie » de la part de Roqueplan, qui, s'il n'était certes pas légitimiste, n'était
pourtant pas non plus démocrate, bien loin de là.

C'est alors qu'on commença à accueillir les
poètes et les romanciers dans les salons.

C'est aussi vers la même époque que la construction de l'église de la Madeleine et la création d'un
quartier élégant dans les alentours commencent à
attirer de ce côté une partie de la société riche
de Paris. Quant aux « lorettes », ainsi nommées
parce qu'elles habitaient le quartier de Notre-
Dame-de-Lorette, nous leur consacrons plus loin
un chapitre spécial, intitulé : *Grisettes et Lorettes*,
car elles ont toujours tenu une assez grande place
dans la vie de la jeunesse parisienne.

*
* *

A partir de 1830, les salons eurent moins
d'influence que sous la Restauration ; l'anglomanie
aidant, les hommes commencèrent à se réunir
entre eux et la vie de cercle naquit ainsi.

De tous les cercles, le plus célèbre est, à coup
sûr, le *Jockey-Club* primitivement appelé *Club des
Jockeys* ou *Jockey's Club*.

Il fut fondé en 1834 au coin du boulevard et de
la rue du Helder, au-dessus de l'armurier Devis-
mes. Le local était modeste et le loyer de cinq
mille francs.

Lord Seymour, le fameux sportsman anglais, fut
son premier président.

Il fut transféré en 1836 au coin du boulevard et

de la rue Grange-Batelière (rue Drouot actuelle).

L'installation coûta cent cinquante mille francs.

On entrait par une antichambre immense, ornée de balances pour peser les jockeys. A droite était une des salles à manger, à côté un salon rouge et or « dont les meubles en velours rouge feraient les délices de dix préfectures », dit Charles de Boigne dans *Le Diable à Paris*.

C'est dans ce local que MM. Charles Laffitte et de Châteauvillard gagnèrent leur fameux pari de faire une partie de billard montés sur des poneys dont les sabots avaient été préalablement enveloppés de flanelle.

En 1851, le marquis de Gontaut-Biron était président du *Jockey*, assisté du duc d'Albuféra, du vicomte de Saint-Pierre et d'Achille Bouchet.

Lors de la construction des immeubles qui entourent le nouvel Opéra, le *Jockey* émigra au coin du boulevard des Capucines et de la rue Scribe, dans un bel appartement du premier étage avec balcon. Il y est resté jusqu'après la grande guerre. On sait qu'il est maintenant installé dans un très bel hôtel édifié au coin de l'avenue Matignon et de la rue Rabelais.

Si le *Jockey-Club* remonte à 1834, il faut dire que le premier en date des grands cercles parisiens est *L'Union*, fondé en 1828, rue de Gramont, par le duc de Guiche, depuis duc de Gramont et beau-frère du comte d'Orsay.

Depuis 1867, ce cercle, des plus aristocratiques, est installé 11, boulevard de la Madeleine.

Boulevard Montmartre, se trouvait le *Cercle du*

Commerce ; rue de Choiseul, le *Cercle des Amis des Arts*.

Au coin du boulevard et de la rue de la Michodière, le *Cercle des Chemins de Fer* qui existe encore et dont Nestor Roqueplan faisait partie.

Enfin, de 1840 à 1850, le *Petit Cercle* se réunissait au Café de Paris. La plupart de ses membres étaient de *L'Union* ou du *Jockey* et cependant on y était assez libéral.

Parmi les membres les plus connus du *Petit Cercle*, il nous faut citer Léopold d'Ivry ; le fameux marquis du Hallay-Coëtquen, ex-capitaine de grenadiers à cheval, tête chaude et duelliste impénitent ; Horace de Viel-Castel, Villemessant, alors à ses débuts, Roger de Beauvoir, le prince Belgiejoso, puis quantité d'Anglais : le major Frazer, qui arrivait sur son petit cheval noir, dont la queue, très longue, traînait par terre. Le major était invariablement vêtu de sa redingote à brandebourgs, pantalon à la cosaque et chapeau Bolivar incliné sur l'oreille ; citons encore MM. de Vergennes, de Poilly, Maxime Caccia, d'origine milanaise, homme de cheval et escrimeur, le vicomte d'Aure, écuyer fameux, et Septeuil, autre écuyer fameux, malgré sa jambe de bois, puis le major Gronow dont nous avons déjà parlé, avec sa redingote bleue.

* *
*

A cette époque, au moment des jours gras, tous ces jeunes élégants, plus ou moins déguisés, se mêlaient au carnaval.

C'est que dans ce temps-là, il y avait encore un carnaval à Paris, tandis que maintenant, il n'en subsiste que le souvenir.

Toute une bande de joyeux masques, mylord l'Arsouille en tête, parcourait le boulevard. Ce mylord l'Arsouille qu'on prit longtemps pour Lord Seymour, au grand dam de celui-ci, était, en réalité, un assez triste sire du nom de Labattut, qui mourut misérablement.

Et toute sa vie, il fut fort déconfit d'être toujours confondu avec le célèbre Lord.

Pendant le carnaval, on dansait plus que jamais chez Valentino, rue Saint-Honoré ; chez Musard, rue Neuve-Vivienne, et au bal d'Idalie, dans les sous-sols du passage de l'Opéra, puis Musard lui-même, petit, maigre et jaune, se démenait comme un beau diable en conduisant l'orchestre du bal de l'Opéra.

Mme de Girardin nous raconte qu'en 1844, le carnaval fut très animé et qu'à cette occasion, on imagina les dîners et les soupers où les convives étaient déguisés.

Cicéri donna cette année-là un très joli bal. Les costumes étaient charmants, et Mlle Plessis, déguisée en écaillère, eut les honneurs de la soirée.

Les invités venus sans déguisement devaient s'improviser malades. On leur présentait à l'entrée un bonnet de coton et une robe de chambre.

A une heure du matin parut la célèbre danseuse Carlotta Grisi, de l'Opéra, qui dansa la tarentelle d'une manière charmante et fut vigoureusement applaudie.

Puis on dansa la polka, car, ajoute Mme de Girardin : « Il faut vous dire que la danse à la mode est la polka : c'est une sorte de danse nationale originaire de Bohème où, là même, elle est prohibée ; c'est la danse des paysans.

« Ici tout le monde veut l'apprendre et Cellarius ne peut suffire au nombre toujours croissant de ses élèves. »

Le mercredi des Cendres, au petit matin, on pouvait assister chaque année à ce qu'on nommait : « La descente de la Courtille ». C'était le faubourg du Temple que les masques, harassés et flétris d'avoir tant dansé et veillé, parcouraient en tous sens. Cette descente de la Courtille peint toute une époque. Écoutez plutôt la description que Texier en fait dans son *Tableau de Paris* en 1852 :

« Il est six heures du matin. Les réverbères mêlent au jour naissant leurs dernières lueurs blafardes. Cette rue qui s'allonge devant vous se nomme la rue du Faubourg-du-Temple.

« Il est aisé de la reconnaître à l'enseigne qui se fait voir à votre gauche avec ces mots : *Aux vendanges de Bourgogne*. Les bals viennent de cesser ; les danseurs, pâles, haletants, les yeux caves, harassés des joies de la nuit, se sont jetés pêle-mêle, ceux-ci dans le fiacre, ceux-là dans le cabriolet, d'autres dans la calèche béante. Ils s'en vont tous à la Courtille user de leur dernière heure et saluer de leurs derniers cris d'amour le carrousel qui finit à la barbe du mercredi des Cendres.

« Vous les voyez qui vont et viennent, montent et descendent.

« La rue est encombrée de voitures et de masca-rades.

« En voici une qui s'arrête. Quels gestes ! Quelles attitudes ! D'où vient cette halte ? Pourquoi cette pantomime énergique et cet air agressif ? Eh ! Ne faut-il pas que ces vaillants masques se défendent ? Se laisseront-ils impunément railler par cette commère à l'éloquence hasardée qui leur montre le poing et leur lance des fragments de dialogue qui n'ont rien d'attique ? Ce n'est pas à la descente de la Courtille qu'on enseigne les belles manières et la modestie. »

Comme tout ceci nous paraît d'une autre époque, celle d'Eugène Süe, de Rodolphe et du « chouri-neur » !

*
* *

Et les bals officiels étaient, il faut bien le dire, autrement élégants qu'ils ne le sont dans notre démocratie actuelle. Les dandys ne dédaignaient pas de s'y montrer, Nestor Roqueplan entre autres, et c'est encore à son sujet que nous allons conter une anecdote.

Il savait, à l'occasion, être débrouillard, et son imagination lui suggéra parfois des idées origi-nales, témoin ce que nous conte Villemessant[1] :

Lors du mariage du duc d'Orléans, en 1838, un

1. *Op. cit.*, pp. 182 et sq.

grand bal fut donné à l'Hôtel de Ville, par le préfet de la Seine.

Plus de dix mille cartes furent envoyées dans Paris.

Nestor Roqueplan était parmi les invités. Il pleuvait à verse : « Un temps à ne pas mettre un roi constitutionnel dehors [1]. »

On venait à tout moment dire à Roqueplan qu'il y avait cinq files de voitures n'avançant que très lentement vers cinq portes différentes de l'Hôtel de Ville, et qu'il était probable que les privilégiés arriveraient à la Préfecture vers trois ou quatre heures du matin.

Nestor avait fait des frais de toilette : un habit brodé et un pantalon en casimir blanc, il ne voulait pas abîmer ses beaux vêtements, alors il eut une idée : il fit venir une civière d'hôpital recouverte de toile à raies bleues, la fit entrer dans la cour de sa maison, se coucha dedans, puis donna l'ordre aux deux porteurs de partir pour l'Hôtel de Ville, en ajoutant quelques instructions au cas où l'on empêcherait son bizarre véhicule de circuler.

En effet, près des Halles, les porteurs furent arrêtés par l'encombrement de voitures, mais à ces mots : « Un mourant pour l'Hôtel-Dieu ! » les obstacles disparurent ; les voitures s'arrêtèrent et le cortège arriva sans encombre jusqu'au perron de l'Hôtel de Ville.

Roqueplan descendit lestement de la civière,

1. Plaisanterie du *Charivari* d'alors.

chaussé, ganté, cravaté, sans aucun retard et sans
aucune maculature.

Et pendant que nous parlons de Roqueplan, en
voici encore une.

Un autre soir, le lundi gras 1844, il s'était rendu
à un bal costumé chez la comtesse M..., rue de
Bondy.

Il était déguisé en serin, tout vêtu de satin jaune,
cheveux, barbe, pieds, mains, chapeau, tout était
couleur serin, « couronnant à merveille son visage
serein », raconte *La Mode* (25 février 1844).

Le journal ajoute que : « M. Roqueplan a dansé
avec un rare succès une polka française qui a été
fort applaudie. »

Mme Thiers était en domino de satin blanc, tout
échelonné de huit à dix volants de point d'Angleterre. M. Thiers n'était pas déguisé.

M. Vatout était en serin, comme Roqueplan, et
M. Catters en pélican blanc.

Strauss fit entendre ses meilleures œuvres.

Vers minuit, les fanfares des trompes de chasse
annoncèrent le quadrille des veneurs du *Jockey
Club*, et bientôt, douze jeunes gens, vêtus en chasseurs Louis XIII, arrivèrent en voitures ouvertes
à quatre chevaux, éclairées aux flambeaux et escor-
tées de-piqueurs à cheval. Puis Carlotta Grisi et
Mlle M. dansèrent ensemble une tarentelle qui eut
un grand sccès.

Dans les *Nouvelles à la main*, Nestor Roqueplan
(encore lui) a recueilli une série d'articles, d'observations et de remarques qui sont pour nous

autant de documents précis et amusants sur l'histoire du Paris d'autrefois. Lorsque la vogue de *La Charte* fut épuisée, Roqueplan publia ces *Nouvelles à la main*, recueil analogue aux *Guêpes* d'Alphonse Karr, et qui sont certainement sa meilleure production littéraire.

Elles parurent tous les mois, du 20 décembre 1840 au 20 novembre 1842. Elles n'étaient pas signées mais tout le monde savait que l'auteur n'en était autre que le spirituel journaliste.

Les éditions en sont devenues assez rares.

Nestor aborde tous les sujets dans les *Nouvelles à la main*, il s'y montre souvent agressif, toujours spirituel.

Dans le premier numéro, il s'en prend à M. de Rémusat, puis à M. Harel, directeur de la Porte-Saint-Martin, auquel il semble en vouloir spécialement, car les attaques contre cet infortuné directeur reviennent fréquemment. Roqueplan termine sa diatribe par cette phrase : « En quittant cette salle qu'on aurait dû embaumer, tant il s'y est produit de miracles pendant dix ans, M. Harel n'y a laissé qu'un bon mot... Les créanciers se le sont partagé. »

Dans ce premier numéro, nous trouvons aussi des attaques contre Thiers et Jules Janin ; ce ne seront pas les dernières. Scribe a, lui aussi, sa part : « M. Janin, dit Nestor, inspire une telle terreur aux comédiens français, et il avait si peu dissimulé son aversion pour le *Verre d'eau*, qu'une députation du théâtre est venue le supplier d'ajourner un peu l'impression de son feuilleton pour que le succès pût s'établir.

« M. Janin a consenti à n'éreinter que six jours après la première M. Scribe qu'il a l'habitude d' « échigner » dans les trente-six heures. Le septième jour, il ne s'est pas reposé. »

Quatre ans avant, en 1836, Mme de Girardin écrivait au sujet de Janin :

« Il s'en est allé paisiblement à la campagne ; semblable à saint Louis, il rend la justice au pied d'un chêne : c'est de là qu'il juge les pièces nouvelles qu'on représente à Paris, au Gymnase, à l'Ambigu, au Vaudeville.

« Là, ses arrêts ne sont influencés par rien, pas même par la présence de ceux qu'il condamne et ses feuilletons n'en sont ni moins justes, ni moins piquants. Que l'on dise, après cela, que cet homme manque d'imagination. »

C'est ensuite Delessert, alors préfet de la Seine, qui vient sur la sellette ; Roqueplan lui reproche de ne pas faire enlever les neiges dans l'espoir qu'elles se changeront en boue, ni les boues dans l'espoir qu'elles se changeront en glaces.

Puis Nestor nous apprend que la Comédie Française fait des économies, elle diminue les appointements de ses employés et de ses contrôleurs et chicane tant qu'elle peut sur les pensions des serviteurs à la retraite. Les deux chats chargés de faire la chasse aux souris sont ramenés de quarante-cinq sols par mois à trente sols.

Le numéro du 20 mai 1841 raconte ce que furent les courses de Chantilly cette année-là.

La saison mondaine de 1841 fut particulièrement brillante. Le 5 mai, il y eut bal chez

Mme Thorn, le 8 chez la comtesse d'Aramon, le 10 chez la duchesse de Montmorency, le 26, c'était Nestor Roqueplan qui recevait dans sa maison de campagne de Boulogne-sur-Seine : « L'esprit remplaçait le luxe et personne ne s'en plaignait », dit M. H. d'Almeras.

Dans le numéro du mois d'août de la même année, Nestor plaisante agréablement les gens qui ont la manie de passer l'été aux eaux ou à la campagne : « Une grande partie des gens qui passent l'été hors de Paris ne s'absentent que par genre. C'est une manière d'établir qu'on a des foins à rentrer, un château à réparer, des fermages à renouveler, des perdreaux à tuer.

« Il paraît que tout ce qui n'est pas Paris est désastreux cette année[1]. Les Pyrénées n'ont pas fait fureur; Vichy, Néris, Bourbonne n'ont eu que de vrais malades; Dieppe, qui devait être si brillant, a été attristé par un temps déplorable ainsi que tous les petits bains de la côte normande. »

Le 20 septembre 1841, les mémoires de Mme Lafarge ont paru.

Tout le monde se passionne dans le public pour cette cause célèbre, les uns en tiennent pour l'innocence, les autres pour la culpabilité. Pour Roqueplan, la question n'est pas là, il se demande si l'autorité avait le droit de laisser paraître un livre qui a pour préface une condamnation aux travaux forcés.

« Si c'est un droit, dit-il, résignons-nous, mais

---

1. Nestor s'abandonne certes ici à son parti pris exagéré pour Paris.

voilà une littérature qui s'annonce : nous avons eu les littératures classiques et romantiques, nous aurons désormais les littératures à perpétuité ! »

Citons encore cette épigramme plus que mordante contre Buloz, directeur de deux revues et commissaire royal près le Théâtre Français, « qui ne sait pas plus de français qu'il n'en faut pour demander à boire et à manger » [1].

Roqueplan accable George Sand, qui, dit-il, « a les doigts jaunis par la fumée du cigare, culotte des pipes avec des menuisiers, écrit des choses qui ne sont d'aucun sexe et d'aucune société ».

Il s'émeut ensuite de la multiplicité des accidents causés par l'intensité de la circulation dans Paris. Déjà ! et, preuve que bien des inventions soi-disant modernes étaient connues depuis bien plus longtemps qu'on ne le croit, il ajoute que : « le pavage en bois permet d'augmenter la moyenne des accidents car il a pour objet d'empêcher les piétons d'entendre les voitures, et les cochers d'arrêter court leurs chevaux », et pendant que nous parlons de la voirie parisienne, signalons que le premier refuge fut créé en 1865, boulevard des Capucines, au carrefour des rues de Sèze et Caumartin. Nous ne croyons pas, cependant, que le projet de paver en bois les rues de Paris fut mis à exécution dès cette époque.

Il nous semble qu'il n'y a pas plus d'une quarantaine d'années que Paris est doté de ce mode de pavage.

1. 20 septembre 1841.

C'est pendant cette année 1842 que M. de Rambuteau fit niveler les boulevards Bonne-Nouvelle et Saint-Martin.

« Pour cela, dit Roqueplan, on a rongé les fondements des maisons qui se trouvent ainsi perchées sur des hauteurs auxquelles on ne peut aborder que par des rampes très dangereuses.

« C'est une espèce de quai bordant une rivière de pavés. »

Nestor ajoute que des regards indiscrets peuvent contempler d'en bas les mollets des femmes qui se risquent sur ces escarpements.

Et pendant que nous parlons des rues de Paris, notons qu'en 1853, d'après les statistiques officielles, il passait en vingt quatre heures 9 070 voitures boulevard des Capucines, 10 750 boulevard des Italiens, 7 720 boulevard Poissonnière et seulement 3 959 aux Champs-Élysées.

Quant aux omnibus, ils parcouraient les boulevards depuis que l'ordonnance préfectorale du 30 janvier 1828 leur avait donné droit de cité.

À la compagnie des « Dames Blanches » étaient concédées les lignes de la Madeleine à la Porte Saint-Martin et de la Porte Saint-Martin à la Bastille.

En 1853, trente et une lignes d'omnibus desservaient Paris et il est à remarquer qu'à peu de choses près, ces lignes étaient désignées par les mêmes lettres que nos autobus actuels. C'est ainsi que « Madeleine-Bastille » était déjà la ligne E.

Il n'est pas inutile, et ceci pour les jeunes générations qui n'ont connu que nos modernes autobus, de rappeler que les anciens omnibus n'avaient que deux banquettes, une de chaque côté, banquettes divisées en huit stalles « plus celle du fond qui, en langage d'omnibus, dit Texier, prend le nom de Stalle du Président ». Le musée Carnavalet conserve d'ailleurs des petits modèles de tous les omnibus successifs de Paris. Les grands, à trois chevaux, circulèrent de 1878 jusque vers 1912.

« Les lignes exploitées, ajoute Texier, sont assez nombreuses. Elles se dirigent d'ordinaire d'une barrière à l'autre, en faisant des déviations assez fortes sur la ligne droite, pour desservir les points les plus populeux qui se trouvent dans les environs de l'itinéraire. Cela fait que certains carrefours, certaines places comme la Bastille, la Madeleine, les abords du Pont-Neuf, sont sans cesse ébranlés par le passage de ces lourdes voitures. D'un autre côté, les détours, les haltes nombreuses, les stations obligatoires compensent, et au delà, ce surcroît de vitesse que donne le trot de deux chevaux, et, à moins d'être accablé de fatigue ou surpris par la pluie, on n'y monte pas, surtout quand on est pressé, mais, dans ce dernier cas, la foule s'empresse autour du marchepied. Il faut attendre son tour et souvent croquer le marmot sur les banquettes peu rembourrées d'un bureau de correspondance, en compagnie de nombreux concurrents et d'un contrôleur absorbé dans le compte de ses cachets et l'appel de ses voyageurs. »

Dans les *Nouvelles à la main* du 5 avril 1842, Roqueplan se plaint de ce fait que la réclame pousse au néologisme, ce qui, de fil en aiguille, conduit à ce résultat que les Français ne parlent plus leur langue, mais le charabia !

Que dirait-il, Grand Dieu, s'il revenait parmi nous et s'il entendait parler nos contemporains !

Il faut dire que très fort en linguistique tout de même qu'en histoire et en blason, il avait une horreur profonde des locutions vicieuses et des phrases toutes faites.

Il n'admettait pas qu'un homme du monde lettré se servît d'expressions usitées dans certaines corporations.

Il disait que c'était ainsi que les bonnes traditions de la langue française se perdaient, et il ne supportait pas l'argot des coulisses dans les pièces qu'on lui apportait et qu'il était appelé à jouer[1].

Dans le même numéro, Roqueplan, qui, en raison même de sa piété véritable, ne pouvait souffrir la fausse religion, se livre à une charge violente contre les sermons de charité.

« On regorge de sermons de charité qui ont tous leur but pieux et leur attrait de vanité. La même réclame annonce, d'ordinaire, le talent oratoire d'un prédicateur et l'orgueil satisfait de la bourgeoisie qui fournit maintenant les quêteuses que fournissait autrefois le faubourg Saint-Germain. »

Et plus loin : « Pour entrer à la Madeleine, il faut payer dix centimes. Moyennant cette simple bagatelle déposée en entrant (suivez, suivez le monde !), on peut avoir sa part de messe et de

---

1. Villemessant, *Mémoires d'un journaliste*, p. 138.

vie éternelle. Un bureau de location est établi à la porte où deux vice-bedeaux semblent vous dire : « Hors de deux sous point de salut ! » Ainsi donc, voilà le ciel mis à prix.

« Admettez que le Christ revienne sur la terre, il ne pourrait approcher d'un autel qui lui est consacré, lui dont la pauvreté fut la première vertu. »

Voilà des théories qui n'étaient pas nouvelles en 1842 ; car sans vouloir risquer une comparaison qui serait ridicule entre l'auteur des *Nouvelles à la main* et celui des *Caractères*, ne lisons-nous pas, dans La Bruyère[1] : « Le discours chrétien est devenu un spectacle. Cette tristesse évangélique qui en est l'âme ne s'y remarque plus. »

C'est en raison même de sa piété très sincère que Nestor Roqueplan dénonce ces petits travers ; il était en effet croyant et pratiquant, témoin l'anecdote racontée dans le *Figaro* peu de jours après sa mort[2].

Un rédacteur de ce journal, entrant un matin de très bonne heure à Saint-Séverin, fut très surpris de reconnaître en un fidèle qui venait de faire ses dévotions, Nestor Roqueplan, qui fut toujours un catholique ardent malgré ses dehors sceptiques.

Dans son *Journal*, Got, de la Comédie Française, dit qu'il a vu Nestor Roqueplan en prière l'autre matin à Saint-Séverin (1er juin 1853).

---

1. *Caractères*, Chapitre de la chaire.
2. 27 avril 1870.

Après avoir dit leur fait aux fausses dévotes, Roqueplan s'en prend aux journaux d'enfants.

Il dit qu'il ne faudrait pas s'étonner de voir bientôt paraître *Fœtus*, journal des enfants à naître.

Ce sont ensuite les pianistes qui attirent ses sarcasmes, non qu'il n'aimât pas la musique — il était un vrai connaisseur — mais il reproche aux pianistes de se croire forcés à des gesticulations qui n'ajoutent rien à leur talent.

*
* *

Le dimanche 8 mai 1842, une terrible catastrophe de chemin de fer survenait à Bellevue et faisait un grand nombre de victimes qui furent brûlées vives : le train avait pris feu, et à cette époque, les voyageurs étaient enfermés à clé dans les compartiments.

Parmi les victimes se trouvait le célèbre géographe Dumont d'Urville, qui avait fait plusieurs fois le tour du monde.

Roqueplan y fait allusion dans les *Nouvelles à la main* du 20 mai. « Oui, conclut-il, le chemin de fer est-il la civilisation si ce n'est parce qu'on ne peut plus aller à Versailles ou à Saint-Germain sans écrire son testament?

« Voilà les chemins de fer jugés. Quand il n'y a pas vitesse, il y a ennui, quand il y a vitesse, il y a péril ! Vivent les coucous ! Comme moyens de transport, les chemins de fer sont encore condamnés ! On ne voyage pas, on arrive. »

Il nous semble que c'est déjà quelque chose, mais ici, Roqueplan, d'accord pour une fois avec Thiers, fait preuve du parti pris de bien des Français contre les inventions nouvelles chaque fois qu'elles ont été causes de graves catastrophes comme celle de Bellevue.

Quelles bêtises n'écrira-t-on pas, plus tard, contre l'automobile et l'aviation à chaque accident sérieux de ces nouveaux moyens de locomotion !

Enfin, Roqueplan, pas plus que beaucoup de ses contemporains, ne signale la mort de Stendhal qui, le 23 mars 1842, passe presque inaperçue (du moins d'après Sainte-Beuve). Dieu sait pourtant quelle devait être son influence seulement dix ans plus tard !

Citons encore quelques pensées de l'auteur qui semblent marquées au coin du bon sens :

« Il y a des gens qui ne parlent jamais de peur de dire des sottises, comme on ne sort pas à pied de peur d'être crotté. »

Puis : « C'est un de nos grands ridicules sociaux : nous voulons à tout prix découvrir des vertus dans les morts comme nous recherchons les vices dans les vivants. »

Celle-ci encore : « A Paris il faut avoir beaucoup d'argent pour faire fortune ; on végète longtemps, mais un beau jour, on finit par trouver les quarante mille francs dont on a besoin. »

Telles furent les *Nouvelles à la main*, recueil d'anecdotes parfois amusantes, dont quelques-unes sont bien vieilles maintenant, mais toujours spirituelles.

Si l'auteur y mit un peu de l'esprit des autres, il y mit aussi beaucoup du sien et ce n'est pas là un des moindres mérites de ce petit livre.

Né sans fortune, Nestor Roqueplan, qui avait horreur de la pauvreté, trouva le moyen de vivre comme un millionnaire, bien qu'il fût souvent à court d'argent.

Son luxe, calculé, mesuré, était tout extérieur. « Cela consistait, dit Alphonse Karr, à être habillé à la mode et par le tailleur à la mode ; il voulait vivre avec ce qu'on appelait alors la jeunesse dorée. »

« Il eût mieux aimé, disait de lui Tony Révillon, donner la main à soixante forçats, pourvu qu'ils fussent habitués des coulisses et des clubs, que passer pendant une minute pour un provincial du Marais. »

Il trouvait le moyen de dîner dans les restaurants de premier ordre tout en faisant des économies. Un certain jour, il se mit à ne boire que de l'eau, et, comme il donnait le ton, beaucoup de jeunes gens l'imitèrent naïvement, sans comprendre que c'était par économie qu'il agissait ainsi

« Le vin, prétendait-il, c'est commun, c'est peuple. »

Un autre jour, il exigea qu'on lui servît, au Café de Paris, la soupe grasse, le bouilli et le haricot de mouton.

Aussitôt, beaucoup d'habitués commandèrent, à leur tour, de la soupe grasse et du haricot de mouton.

La plupart de ses actes étaient, pour les dandys de l'époque, comme des décrets de la mode, auxquels ils se faisaient un devoir d'obéir aveuglément.

Et tout ceci amusait prodigieusement Nestor...

« Mon rêve, disait-il, est de mourir insolvable et à la mode. » Or il réussit l'une et l'autre chose, nous dit M. Jacques Boulenger dans les *Dandys*.

Théodore de Banville a tracé de Roqueplan dans *Profils et Camées Parisiens* (1866, 3ᵉ douzaine) un portrait plutôt flatté :

« Pour faire le visage de Roqueplan, le fondeur a mis dans son moule de la chair bien vivante et saine, de l'esprit et encore de l'esprit. Ce visage est l'horreur du lieu commun... Il a été question de supprimer l'Académie française et de la remplacer par l'Académie des gens d'esprit qui aurait été composée de Roqueplan et Laurent Jean, mais ce projet n'a pas eu de suite. »

En mai 1869, les élections auxquelles s'étaient présentés Henri Rochefort, Raspail et d'Alton-Shée, furent marquées par plusieurs journées de troubles, spécialement dans le faubourg du Temple.

« Jeudi, raconte le *Figaro* (14 juin 1869), M. Roqueplan était au faubourg du Temple pour examiner la maquette d'un grand décor de roseau et de perspective confié à MM. Darras et Poisson. Il a voulu ensuite visiter le champ d'émeute et les maisons mises à sac. Les badauds l'ont pris, à son grand air, pour un ministre venu se renseigner incognito. »

Roqueplan aimait beaucoup la musique, quoi

qu'on ait pu dire à ce sujet ; mais, ayant passé sa
vie à paradoxer, il faisait croire qu'il n'y entendait
rien. Aussi disait-on que c'est sans doute à cause
de son ignorance des choses musicales qu'on le
nomma directeur de l'Opéra, puis de l'Opéra-
Comique.

Un jour, raconte Villemessant, le compositeur
Eugène Gautier, en visite chez Roqueplan, se mit
au piano. Il joua du Mozart, puis les *Huguenots,*
un des opéras préférés du maître de céans.

Nestor écouta en silence, puis s'approchant de
Gautier, il lui dit : « Venez donc un de ces matins
me jouer cela à moi tout seul, pour que je puisse
pleurer à mon aise. »

Un autre jour, un compositeur plus que médiocre lui faisait entendre un opéra de sa composition. Pendant toute l'audition, Roqueplan ne quittait pas des yeux les bustes de Beethoven, Mozart,
Gluck et Rossini, placés sur sa bibliothèque :
« Pourquoi les regardez-vous ainsi ? lui demanda
le musicien.

— Je me demande ce qu'ils viennent f..... ici »,
répondit Roqueplan, avec une franchise que n'a
pas dû oublier le compositeur.

On pourrait rapprocher cette réponse de celle
dont Rossini fut l'auteur dans une circonstance
analogue.

Le compositeur italien recevait, dans son appartement qui faisait l'angle du boulevard et de la
chaussée d'Antin (au numéro 2 de cette rue), la
visite du jeune compositeur Michel Ben, neveu de
Giacomo.

Or, ce jour-là, on enterrait Meyerbeer, et le convoi vint à passer sous les fenêtres du maestro italien.

On entendait les sons d'une marche funèbre : « Que dites-vous de cette marche ? demanda le jeune musicien, c'est moi qui en suis l'auteur.

— Je dis, répliqua Rossini, avec son accent, qu'il out mieux valou que vous foussiez mort et que Meyerbeer il out écrit la marche founèbre. »

*
* *

Parmi les maisons amies dont Roqueplan était l'un des familiers, nous devons citer le bel hôtel Tattet, au 10 de la rue de la Grange-Batelière.

Le fils de l'agent de change Tattet avait su réunir une élite de littérateurs et d'hommes politiques dans son hôtel, si plein de souvenirs.

Bâtie en 1785 pour le marquis de Nolivos, cette maison avait un bel escalier décoré de statues.

Sous le Directoire, l'hôtel fut acquis par M. Bocher, père de M. Charles Bocher.

Le futur doyen des abonnés de l'Opéra faisait alors ses études au collège Rollin.

M. Bocher revendit l'hôtel au marquis de Lillers, chambellan de l'empereur, qui le céda, à son tour, à l'agent de change Ferdinand Tattet, dont la famille le garda jusqu'à la fin du Second Empire.

« Son fils, raconte Charles Bocher[1], doué d'une

---

1. *Op. cit.*, pp. 2o6 à 2o8.

figure agréable, avait l'esprit de la jeunesse de
1830, dont il peut être considéré comme un représentant plein d'originalité.

« Ce bon voisin était intimement lié avec mes
frères aînés qui, ayant terminé leurs études, vivaient à la maison.

« Très galant, du caractère le plus gai, le plus aimable, ami des lettres et les cultivant, il réunissait,
dans son appartement de garçon, des jeunes gens
appelés à se faire connaître dans l'avenir. »

Ces jeunes gens étaient : d'abord Alfred de
Musset, ami intime du jeune Tattet et qui fut à
Henri IV le voisin d'études d'un de ses frères ;
Victor Hugo, Arvers, Guttinguer, Sainte-Beuve,
Émile de Girardin, Romieu, Pelletan, Nestor Ro-
queplan, le comte Germain, qui était le plus jeune
pair de France, et son amie, la célèbre Virginie
Déjazet, d'Althon-Shée, le prince de Belgiojoso,
Roger de Beauvoir et Alfred Arago.

C'est là que Musset lut pour la première fois
Rolla [1].

Victor Hugo devint l'âme du cénacle.

On y parlait avec enthousiasme du moyen âge,
de la chevalerie, de l'art ogival, on discutait les
auteurs étrangers, surtout Walter Scott.

Alfred Tattet avait d'abord recruté ses amis dans
l'industrie et la finance, nous dit Léon Séché [2].

« C'étaient les quatre frères Ternaux, Hippolyte et Alfred Mosselman, Ferray, Sallandrouze

1. Marquis de Rochegude.
2. *Op. cit.*, p. 11.

de Lamornais, Édouard Manuel, mais il était si érudit et si lettré, qu'il éprouva très vite le besoin de se créer des relations dans le monde des arts et des lettres. »

On trouve, dans les *Œuvres posthumes* d'Alfred de Musset, quelques-unes des lettres que l'auteur de *Rolla* adresse à Alfred Tattet.

Le vieil hôtel de la rue de la Grange-Batelière existe toujours, mais, hélas, les beaux salons où jadis se réunissait toute cette élite de la pensée servent aujourd'hui de bureaux et de magasins.

*
* *

Bien entendu, Roqueplan était aussi un habitué de la salle à manger célèbre du Dr Véron, son ami et son prédécesseur à la direction de l'Opéra.

Dans son appartement, à l'angle des rues de Rivoli et de Castiglione, le Dr Véron donnait — surtout entre 1849 et 1852 — de fastueux dîners, préparés avec art par sa cuisinière, Sophie, qui, à la fin du repas, venait s'installer au bout de la table pour entendre son maître lire ses articles et mêler ses applaudissements à ceux des convives habituels, généralement Auber, Roqueplan et Perrin.

« J'ai souvenir, conte Charles Bocher [1], d'un véritable festin donné par lui le 28 mai 1864, et

---

1. *Op. cit.*, tome II, p. 570 et J. d'Arçay (Dr Malherbe). *Indiscrétions contemporaines* (La salle à manger du Dr Véron), Paris, in-8, 1868.

Sophie, une fille normande, sans âge, était coiffée d'un bonnet à auquel étaient conviés, outre Auber, Roqueplan et Perrin, Ludovic Halévy, Soubeyran, Mlles Hamakers et Eugénie Fiocre, devenue depuis marquise de Créqui-Monfort de Courtivron.

« Les aimables convives, gais et spirituels !

« Quelles femmes charmantes et du meilleur ton dans leurs toilettes où l'élégance le disputait au bon goût.

« Ce fut une réception hors de pair dans ce Paris où l'on peut se procurer ce qu'il y a de meilleur au monde. »

La bonne humeur et l'esprit étaient les seules qualités exigées des convives, qui, bientôt, vinrent tous les jours, sans autre invitation, s'asseoir à la table de la rue de Rivoli.

Parmi les habitués de la salle à manger de Véron, nous devons ajouter les noms de Sainte-Beuve, Arsène Houssaye, Romieu, Adolphe Adam, Malitourne, les Drs Velpeau, Ricord, Dubois (d'Amiens), Blache, Bonnet, Malherbe, Béhier, Tardieu, Trousseau et aussi des actrices : Rachel, Mlle Doze, qui devint Mme Roger de Beauvoir, Mlles Favart et Doche.

Le méchant Viel-Castel, parlant des soirées données l'été par Véron en son château de la Tuilerie à Auteuil, dit[1] :

longs tuyaux, elle avait une attitude un peu raide qu'elle tenait de sa première place, chez un conseiller à la cour de Caen ; elle vint à Paris après 1830, et se plaça chez Fanny Essler qui en fit cadeau à Véron, chez lequel elle resta près de trente-cinq ans.

1. *Mémoires* du comte Horace de Viel-Castel sur le règne de Napoléon III (1851-1864), Paris, 1883, 3 vol., tome I, page 158.

« Après dîner, on joue au creps, la société s'augmente de Roqueplan, de l'Opéra, arrivé avec sa maîtresse, Marquette, du Théâtre Français, Valdès, avec le souvenir de ses anciennes bonnes fortunes, et tous prennent part ou assistent au jeu de ce Véron — Louis XIV qui règne déjà par le *Constitutionnel* —. » Véron était alors directeur de ce grand journal.

« Un jour de brouille entre Rachel et Véron, ajoute Viel-Castel, Sophie vient annoncer Rachel à son maître.

« Accompagnant ses paroles d'un geste à la Louis XIV, il répond :

« Congédiez-la, je ne reçois que les honnêtes « gens. »

« Roqueplan se penche alors vers son voisin et lui murmure à l'oreille : « C'est donc un adieu qu'il nous donne. »

*
* *

Charles Bocher raconte qu'étant abonné à l'Opéra dès 1847, il avait l'occasion d'y rencontrer trois fois par semaine Nestor Roqueplan, alors directeur, et qu'une communauté de goûts et d'humeur ame_ nait entre eux des rencontres plus fréquentes.

Quand Bocher n'allait pas rue Taitbout, c'était Nestor qui venait chez Bocher, rue Saint-Florentin, lui indiquer quelque trouvaille qu'il avait faite chez des marchands de curiosités où l'attiraient, comme lui, les meubles de style, les objets d'art et les vieilles estampes.

C'est à Bocher que Nestor dit un jour : « On

14

devrait mettre un billet de mille francs sous votre
assiette quand on vous invite à dîner à la campagne. » Et encore : « On ne peut rester à la campagne qu'avec un emploi de premier ténor, sans
cela, on n'est qu'un comparse. »

Ils passaient souvent leurs soirées ensemble
avec d'autres mondains notoires, également habitués de l'Opéra : Demidoff, le marquis de Caux, le
marquis de Modène, Delamarre, et parfois Tolstoï
et Paskiewitch, Saint-Priest, Blound, Auber et le
Dr Véron.

*
* *

Si Nestor Roqueplan est très connu, on a beaucoup moins écrit sur un de ses compagnons de
noctambulisme, Adolphe Gaiffe, que Victor Hugo
avait surnommé : « Le plus beau des enfants des
hommes ».

C'était pourtant un merveilleux causeur ; Nestor
Roqueplan et le comte de Juigné étaient ses
compagnons habituels.

Tout de même que Roqueplan, Gaiffe avait
horreur de son lit, il ne se couchait pas avant
quatre ou cinq heures du matin, mais alors il ne
quittait plus son lit que le soir[1].

Ces séances de noctambulisme, fatigantes pour
tout le monde, ne l'étaient pas pour Roqueplan.

Il avait réglé sa vie d'après ces promenades du
soir, et retrouvait, dans la journée, le temps de
repos qu'il perdait la nuit, ce qui ne l'empêchait

______

1. Loliée, *op. cit.*, p. 107.

pas de dire qu'il avait manqué sa vie pour s'être couché trop tard.

Vers la fin de la journée, Roqueplan rentrait régulièrement chez lui pour s'étendre dans un fauteuil qu'il appelait son « quatre-six », parce qu'il y dormait de quatre à six [1].

Un jour qu'il assistait à une représentation dans laquelle figurait une artiste d'une maigreur mythologique :

« Il n'est pas nécessaire, dit-il, d'aller à Versailles pour voir jouer les os. »

Pas plus qu'aucun de ses contemporains, il n'a pu trouver grâce devant la cruauté mordante d'Horace de Viel-Castel, ce qui prouve que chacun voit les autres, non tels qu'ils sont, mais à travers son propre caractère.

Nous ne présenterons pas Nestor Roqueplan comme un modèle de vertu, mais il nous semble que, parmi ses contemporains, seuls Villemessant, Karr et Bouffé ont su discerner chez lui le fond de bonté réelle et de qualités solides qui se cachaient sous un scepticisme tout extérieur.

Pour en revenir à Viel-Castel, il traite Roqueplan de « parvenu par les filles, un des plus immoraux parmi les impurs » [2].

Parvenu par les filles, c'est là, sans doute, une allusion à Esther Guimond, qui, comme l'a dit Loliée, « n'aida pas seulement Nestor de ses conseils, mais aussi de sa bourse ».

1. Villemessant, *op. cit.*, pp. 203 et sq.
2. *Op. cit.*, t. I, p. 49.

Devons-nous le croire? Il faut nous souvenir que Roqueplan fut le premier directeur qui imagina, aux Variétés, de se faire payer des mensualités par certaines actrices de second plan, mais ici, c'était le directeur qu'elles payaient et non l'homme privé ; or il y a une nuance.

« Les conservateurs se plaignent de la démoralisation de la société, continue Viel-Castel, et ils instituent des théâtres à la tête desquels ils placent des Arsène Houssaye ou des Roqueplan, des théâtres où l'on joue des *Valéria*.

« Arsène Houssaye, comme Roqueplan, est un produit de Véron : cet homme importe partout ses pustules. »

Les Goncourt, qui n'étaient pas toujours tendres non plus, décrivent ainsi l'appartement de Roqueplan [1] :

« Il demeure dans une maison qui n'a que deux étages.

« Une jolie bonne m'introduit : un petit appartement décoré de médiocres objets d'art du xviiie siècle et de tableaux et esquisses de son frère.

« Cela ressemble au nid d'une fille qui aurait hérité d'un peintre. »

*
* *

Pendant toute cette période, Restauration, règne de Louis-Philippe et Second Empire, l'Opéra fut certes toujours à la mode, ainsi d'ailleurs que

1. *Journal des Goncourt*, Paris, 1888, 2 vol. t. II, pp. 261-262.

l'Opéra-Comique et la Comédie Française, mais
on peut dire que ce fut surtout l'Opéra Italien qui
connut le plus de vogue et dont la salle était toujours la plus brillante.

Place Ventadour, le même bâtiment qui abrite
aujourd'hui les bureaux de la première succur-
sale de la Banque de France était aménagé en
théâtre.

Napoléon, devenu roi d'Italie, avait voulu qu'une
troupe permanente de chanteurs italiens fît connaître aux dilettantes de la capitale, les différentes productions des écoles italiennes.

L'Opéra Italien devint vite un théâtre de grand
luxe, si bien qu'y avoir une loge fut bientôt
l'objectif de tous les gens fortunés, c'est-à-dire de
ceux dont on pouvait dire qu'ils possédaient au
moins une quarantaine de mille francs de rente.

La sortie des « Italiens » sous le Second
Empire, par exemple, présentait un des aspects
les plus caractéristiques de la vie élégante de
Paris.

Les spectateurs, pressés dans le foyer, atten-
dent, tandis que les valets de pied font avancer
les équipages.

Ce ne sont que dentelles, fourrures, diamants,
regards et sourires.

Mme de Girardin, parlant du Théâtre Italien, dit
qu'il a l'air d'un congrès, car il n'y a pas un
spectateur qui ne soit un peu ambassadeur ou
homme d'État.

Parmi les réunions mondaines qui étaient à la
mode à cette époque, il nous faut parler des raouts.

Ce fut en 1834, si nous en croyons le journal *Le Foyer,* que la mode des « raouts » nous arriva... de Londres, naturellement.

Raout (qui s'écrit « rout » en anglais) signifie multitude, foule, cohue.

Lady A. ou Lady B. choisit longtemps à l'avance un jour où il n'y aura pas d'autre raout que le sien. Elle envoie des cartes pour annoncer que, tel jour, elle voit sa « compagnie ». Ces cartes sont envoyées à quelques centaines de personnes, non parce que ce sont ses parents, ses amis ou ses connaissances, mais surtout parce qu'elle les a « vues » ou parce que leur présence donnera plus d'éclat au raout.

C'est avant onze heures du soir qu'on observe ce qu'on appelle le « moment de la haute marée ».

La maison est remplie d'une nombreuse compagnie des deux sexes et de tous les rangs. On met des tables de jeu dans toutes les pièces de la maison, et en aussi grand nombre que chaque pièce peut en contenir, en laissant seulement assez d'espace entre les tables pour que les joueurs puissent passer et s'asseoir. Le café, le thé et la limonade circulent dans tous les appartements. La confusion est la véritable essence du raout.

Une dame, qui donne de ces assemblées, ne consulte pas la capacité de sa maison, mais la liste des gens du bon ton. Aussi invite-t-elle beaucoup plus de personnes que ses salons ne peuvent en contenir.

Des tables de « Pharaon » sont indispensables, car ce jeu fait fureur. On peut louer ces tables à des compagnies spéciales qui se font ainsi de bons revenus.

Dans un raout, il n'est pas besoin de faire attention à la maîtresse de la maison, soit en entrant, soit en sortant. On est là pêle-mêle. Le bal est généralement suivi d'un souper.

Bientôt, quand de véritables grands hôtels se construisirent à Paris, la mode vint de donner ces raouts dans les salons de ces hôtels. On y disposait ainsi de plus de place, et la maîtresse de maison avait moins de soucis pour l'organisation.

Une gravure dans le *Tableau de Paris* de Texier nous montre un raout à l'hôtel des Princes ; mais si les salons étaient splendides, nous n'en dirons pas autant de « l'assemblée » qui paraît très mélangée et rappelle quelque peu la célèbre chanson de Mac Nab sur le *Bal de l'Hôtel de Ville*.

Cet hôtel des Princes était situé au coin du boulevard des Italiens et de la rue de Richelieu, au-dessus du café Cardinal. Il passait pour splendide à l'époque et Texier en fait une description mirifique.

*
* *

Dans ces réunions mélangées qu'étaient les raouts, on commençait à rencontrer pas mal d'étrangers.

Nous avons déjà signalé à ce sujet la remarque de Gustave Claudin, constatant qu'avec le Second Empire vinrent les chemins de fer et les expositions universelles, ce qui nous amena une foule d'étrangers qui furent cause que les grands boulevards cessèrent d'être la promenade élégante qu'ils avaient été jusqu'alors et où tout le monde se connaissait.

On a calculé qu'avant l'invention des chemins de fer, les grandes entreprises de messageries, sans parler des petites voitures, des chaises de poste et des bateaux à vapeur, amenaient à Paris, en moyenne, trois mille personnes par jour, et en emportaient autant, soit pour la province, soit pour l'étranger.

Or sous le Second Empire, avec les chemins de fer, ce chiffre avait déjà quadruplé.

Parmi les étrangers qui fréquentaient Paris à cette époque, il nous faut citer la colonie anglaise, qui habitait plus particulièrement les Champs-Élysées et le faubourg Saint-Honoré.

Là, les Anglais vivaient comme à Londres, tout au moins au point de vue de la nourriture, mais il faut ajouter que ceux qui habitaient Paris à cette époque y étaient venus pour faire des affaires.

Ensuite venaient les Allemands qui se divisaient en deux classes : les ouvriers ébénistes, qui habitaient le faubourg Saint-Antoine, ensuite les lettrés ou soi-disant tels qui comprenaient surtout beaucoup d'étudiants.

Après les Allemands, il y avait la colonie russe, généralement élégante et riche.

Beaucoup de grands seigneurs russes étaient d'ailleurs envoyés par leur gouvernement en missions spéciales, commerciales ou autres.

Les colonies espagnoles et italiennes n'existaient pas encore alors.

Pour en terminer avec les mœurs de cette époque, disons que, sous le Second Empire encore, la matinée de la femme du monde se passait à recevoir ses fournisseurs chez elle, car on entrait rarement chez une modiste ou chez une couturière, et les grands magasins n'existaient pas. On faisait travailler chez soi, et l'Impératrice avait installé aux Tuileries un véritable atelier de couture.

Une femme élégante se promenait rarement à pied, et s'il lui arrivait, par hasard, de faire quelques pas sur le boulevard, elle se faisait suivre discrètement de son valet de pied, et pour rien au monde elle n'eût osé s'arrêter devant une boutique à moins d'être accompagnée d'une amie, et encore !

De même, une femme seule ne serait jamais montée en omnibus, et ce préjugé des femmes contre les transports en commun devait durer longtemps.

L'après-midi, après les visites, on allait faire en voiture le tour du lac d'où l'on revenait assez vite car on dînait à sept heures.

Le soir, de décembre à mai, la vie mondaine entretenait, dans les quartiers élégants, une animation qui durait presque toute la nuit.

Chez Laborde, maître de danse rue de la Victoire, il y avait des matinées et des soirées, mais aux matinées, on n'enseignait que les danses décentes, polka, mazurka ou valse à deux temps, ainsi que le quadrille, tandis que le mercredi, et surtout le dimanche soir, le cancan et le chahut régnaient en maîtres.

C'est chez Laborde que Gaston Jollivet eut un

dimanche soir une altercation avec le fameux escrimeur Alfonso de Aldama, altercation suivie d'un duel après lequel ils devinrent les meilleurs amis du monde.

Ce tour du lac qu'il était de bon ton de faire avant le dîner, chaque après-midi de beau temps, était, sous le Second Empire, d'une élégance incomparable.

Des cavaliers extrêmement soignés — monter l'après-midi au Bois était chose admise alors — caracolaient sur de superbes chevaux. Parmi eux, on se montrait le comte d'Évry, Saint-Germain, Vonsittart, Xavier Feuillant, le terrible duelliste. Et les femmes à la mode qui défilaient dans leur calèche attelée à la Daumont !

Cora Pearl, Skittles, dans son spider suivi de deux hommes d'attelage.

Daumonts, demi-daumonts, calèches, landaus, victorias, coupés, toutes ces voitures signées de noms célèbres dans la carrosserie, Belvalette, Binder, Mulbacher, se croisaient sans cesse.

Parmi les « cochers mondains » les plus habiles, il nous faut citer le comte de Sainte-Aldegonde, le prince Troubeskoi, et MM. Wilkinson et Oppeinheim.

On rencontrait aussi, dans leur huit-ressorts, M. Musard, le directeur des concerts des Champs-Élysées ; à côté de lui, une ravissante blonde, sa compagne légitime, Mme Musard dont les robes étaient de Worth.

Époque magnifique, toute de faste et de luxe, où l'élégance parisienne était à son apogée.

Nous l'avons encore connue brillante dans notre
enfance, cette élégance parisienne que Mme de Gramont a éloquemment évoquée dans ses mémoires,
intitulés : *Au temps des équipages*, alors qu'avenue
des Acacias, une triple file de voitures s'avançait
au pas, le nez de chaque cheval touchant la capote
de la voiture qui était devant, puis nous en vîmes
le déclin, les fiacres se faisant de plus en plus nombreux au détriment des équipages.

Aujourd'hui, par les belles journées de printemps, à l'heure élégante qui précède le dîner,
jeunes femmes ou jeunes filles intrépides, descendent de leur conduite intérieure, à la carrosserie basse et à l'imposant capot, puis elles vont
s'asseoir sur les chaises de l'avenue, en exposant,
plus haut que le genou, leurs jambes gainées de
soie couleur chair aux regards déjà blasés des
jeunes gens quelque peu débraillés, cheveux au
vent.

Ainsi vont les mœurs.

LA MODE

La mode est un tyran des mortels respecté.
La suivre est un devoir, la fuir un ridi-
cule.

(Paroles du cardinal de Bernis, reproduites
dans le 1ᵉʳ numéro de *La Mode* d'Émile de
Girardin en 1827.)

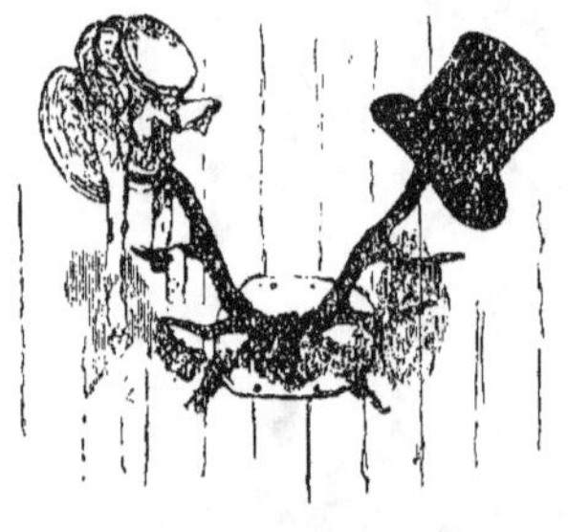

La mode! Quel vaste sujet, et quelle suite logique au chapitre des mœurs, car celles-ci ne déterminent-elles pas souvent celle-là? Mode et mœurs sont en effet deux choses étroitement liées l'une à l'autre.

Sujet futile, la mode? Mais non.

Que les femmes s'y intéressent, direz-vous, passe encore, mais les hommes?

En quoi, je vous prie, un Morny ou bien un d'Orsay sont-ils diminués par l'importance qu'ils attachèrent aux choses de la toilette?

Et quant à Roqueplan, nous avons déjà parlé de l'intérêt qu'il portait à ces questions, ce qui eût paru ridicule chez tout autre que chez cet esprit si fin.

Une de ses grandes préoccupations était de donner le ton à la mode.

« Personne, disait Villemessant, ne pourra jamais se faire une idée de la joie qu'éprouvait Roqueplan à la vue d'un vêtement neuf ; il avait dans son cabinet une collection de pantalons et de gilets qu'il allait admirer, comme un riche amateur visite sa galerie de tableaux. »

Comme il était petit, Nestor avait compris à quel point les chapeaux très hauts qu'on portait alors lui allaient mal, et il apparut un soir au théâtre, coiffé d'un chapeau aux ailes gondolées, et dont le fût atteignait la moitié de la hauteur des autres chapeaux, le modèle, sans doute, que nous avons vu, jusqu'à ces dernières années, porté par Alexandre Duval.

Or Nestor tourmentait fort, avec ses chapeaux, Victor Koning, le futur directeur du Gymnase, qui était alors son secrétaire. Un jour, il l'emmena de force chez son propre chapelier, pour lui choisir et lui offrir un chapeau pareil au sien. Quelques instants après, comme Koning venait de le quitter, Nestor, rencontrant un de ses amis, lui montra de loin Koning, qui disparaissait dans la foule : « Voyez-vous, lui dit-il, j'avais bien dit que ça finirait par prendre la mode des petits chapeaux ! »

On trouvait Roqueplan chez lui, vêtu d'une robe

de chambre rouge qu'il remplaçait l'été par un vêtement en flanelle blanche, culotte pareille et bas de soie rouges.

Il était aussi vêtu parfois d'une petite jaquette en velours noir, gilet pareil.

Toujours en culottes courtes chez lui, il était chaussé de bottes vernies, montant jusqu'aux genoux.

Il avait horreur des pantoufles en général, et de celles de tapisserie en particulier.

Selon lui, la pantoufle était une chose coquette qui n'était tolérée qu'à de petits pieds de femme.

Son cabinet de toilette était arrangé comme celui d'une coquette, mais le visiteur était étonné par la collection de bassinoires de toutes les époques qui en garnissaient les murs.[1].

Nestor Roqueplan qui, dehors, fumait de purs havanes, les remplaçait chez lui par une des nombreuses pipes bourrées à l'avance qui ornaient ses murs, mais, pour rien au monde il n'en aurait prêté une : il eût préféré la jeter. Par exemple, Roqueplan prêtait volontiers ses mouchoirs : il en avait, à cet effet, deux ou trois douzaines préparées d'avance pour les amis dans un coin de son armoire, et si par hasard on les lui renvoyait, il

---

1. Il en avait quarante, toutes anciennes, la plupart des époques Louis XIII, Louis XIV et Louis XV, en cuivre jaune et en cuivre rouge repoussé. L'intérêt était dans les couvercles, très ouvragés. Ils représentaient des corbeilles de fruits, des oiseaux ou d'autres animaux, mais ces bassinoires ne valaient pas tout le bruit fait autour d'elles lors de leur vente (*L'intermédiaire des chercheurs et curieux*, VIII, 45, 93, et 121).

les mettait avec ceux dont il ne se servait jamais[1].

Il comprenait toutes les économies excepté celle de la mise : « Ayez toujours votre coupé jusqu'au dernier moment, disait-il, sans cela, on ne vous prêtera pas d'argent. »

Le brillant journaliste avait deux manies... parmi beaucoup d'autres — il n'était pas vieux garçon pour rien — se laver les mains à chaque instant, et boire du thé à toute heure[2].

Pour cela, il lui fallait faire bouillir de l'eau constamment, aussi possédait-il une série de bouilloires qui avaient toutes des noms.

Si l'eau tardait à bouillir dans l'une d'elles, Roqueplan se fâchait contre la bouilloire, et, pour la punir, il la condamnait, l'hiver, à rester quatre jours sur son balcon, exposée aux intempéries.

Il prétendait que l'une d'elles, Aglaé, était très sensible à cette punition et que, quand il s'approchait de la fenêtre, elle le regardait avec une physionomie repentante.

Un jour, son valet de chambre, sorte de Calino, lui apporte une cafetière d'eau si chaude, que Roqueplan, furieux de s'être brûlé, s'écrie : « Remportez-moi cette eau-là tout de suite et donnez-m'en d'autre ! »

Dix minutes se passent, le domestique ne reparaît pas.

« Eh bien ! Et mon eau, demande Nestor, l'avez-vous rafraîchie ?

1. Le *Figaro*, 27 avril 1870. Article de Gustave Lafargue, au lendemain de la mort de Roqueplan.
2. Villemessant.

— Non, monsieur. Monsieur m'a dit qu'il ne voulait pas de celle-là. J'en ai fait chauffer d'autre. »

C'est le même qui, un jour où Roqueplan se teignait les cheveux, voyant un de ses amis qui se dirigeait vers la chambre de son maître, étendit devant la porte ses deux bras en crucifix en s'écriant : « N'entrez pas, monsieur sèche ! »

Nestor Roqueplan avait horreur de la chandelle encore en usage à son époque : il donnait de la bougie à son concierge pour qu'il ne fût pas brûlé de chandelle dans la maison.

Il se défiait des médecins ; un jour, l'un d'eux lui ordonna les eaux.

Sceptique, Nestor, au lieu de lui obéir, envoya son valet de chambre faire la cure à sa place.

Le serviteur revint au bout de quinze jours dans un état de maigreur lamentable : « Eh bien ! lui demanda son maître, les eaux t'ont-elles réussi ? — Oh non, monsieur, elles m'ont beaucoup fatigué. — Tu vois, répondit Roqueplan, que j'ai bien fait de ne pas y aller[1]. »

Il ne dédaignait pas le calembour. « Si j'aime beaucoup les chats, disait-il un jour, c'est que lorsque je dirigeais l'Opéra j'ai beaucoup vécu parmi les rats. »

Il a consacré tout un feuilleton aux chats dans le *Constitutionnel*.

Pour en revenir à la mode et à l'influence que les mœurs et même les événements politiques eurent

1. Le *Figaro*, 16 mai 1869, article de Jules Prevel.

Cliché Tallandier

COSTUME DE HUMANN
d'après Gavarni

Pl. — XIII.

sur elle, il nous faut constater que la Restauration
communiqua aux idées un mouvement dans lequel
se laissèrent entraîner l'art et la littérature.

Le romantisme remet le style gothique à la mode
dans les édifices et l'ameublement.

Quant à la mode vestimentaire, elle veut bien
afficher son amour pour Louis XVIII, mais elle ne
veut pas cacher ses regrets pour Napoléon. Elle
adopte les lys mais leur oppose aussitôt les violettes.

En 1817, apparaît une série de citoyens bien
français mais qui devaient vite acquérir une célébrité ridicule sous le nom de « calicots ».

L'influence guerrière de l'Empire se fait encore
sentir et le calicot de cette époque veut jouer au
soldat.

Il porte le ruban rouge à la boutonnière,
d'énormes moustaches, une cravache à la main et
il se coiffe sur l'oreille.

Il est vêtu d'un habit qui lui bombe la poitrine
et dont les boutons de métal sont très rapprochés,
d'un pantalon blanc, large, flottant, serré en bas
par une coulisse. Ses bottes font grand bruit sur
le pavé, et avec ses longs éperons, il déchire parfois les robes.

La mode des robes décolletées et des manches
courtes, universellement adoptée sous l'Empire,
fut, à la Restauration, réservée aux réceptions du
soir.

Il nous faut noter, détail un peu intime, que ce
fut sous la Restauration que les dames adoptèrent
la mode de porter un pantalon.

Déjà en 1822, quelques élégantes de la chaussée

d'Antin avaient voulu lancer la mode turque des longs caleçons de mousseline que devaient porter les enfants sous le Second Empire, mais, chose singulière, les courtisanes seules adoptèrent cette mode, ce qui suffit pour la faire abandonner.

Le sacre de Charles X, en 1825, fut le prétexte d'un grand déploiement de luxe.

De brillantes fêtes furent données à cette occasion.

Bijoux et toilettes étaient magnifiques.

On voyait des robes brodées d'or et d'argent, des écharpes de gaze lamée et dorée, de l'or encore sur les turbans, sur les toques béarnaises, sur les résilles espagnoles.

Les dames étincellent de diamants.

C'est de cette époque que date la mode des bracelets à miniatures représentant la mère au milieu de tous ses enfants.

Les élégants vont au bal en culotte courte, bas de soie blancs, avec des souliers très découverts à boucles d'or. Ceci, pour les véritables élégants, car ceux moins fortunés portent le pantalon collant fermé en bas par trois boutons, ou demi-collant avec le sous-pied dans le soulier.

Le bon genre est alors de mettre deux gilets de piqué blanc l'un par-dessus l'autre...

On avait en vain essayé de renover les perruques poudrées, l'épée au côté ainsi que l'habit à la française, mais cette mode ne fut adoptée que par la cour ; la démocratie commençait trop à envahir nos mœurs pour qu'une tenue aussi difficile à

porter pût encore subsister, et quelques jeunes
bourgeois, qui la revêtirent pour aller au bal de
la Ville, en 1825, furent bien embarrassés quand
il leur fallut ôter leur épée pour danser, et la
remettre ensuite. Plusieurs robes de danseuses en
souffrirent cruellement.

Une preuve de plus que la mode s'inspire toujours non seulement des événements mais de
toutes les « actualités » dirait-on en style de
cinéma : à l'occasion d'un crime horrible, une couturière lance, pour les petites filles, les blouses
« à la Papavoine », et, lorsque mourut l'illustre
tragédien Talma, les femmes portent des « manchettes à la Talma ».

Si, en 1829, nous entrons dans les magasins de
Delisle, nous trouvons une foule d'étoffes diverses :
des japonaises, des alhambras, des gros d'Orient,
des stokolines, des méotides, de la silénie, de la
zinzoline, du bagazinkoff chinois.

Les mondanités furent arrêtées un instant par
la révolution de 1830, mais bientôt, banquiers et
bourgeois enrichis firent preuve d'un luxe effréné.
Le sceptre de la mode avait traversé la Seine
et la chaussée d'Antin remplaçait le noble faubourg.
Le gouvernement de Louis-Philippe, dans le
but, sans doute, de faire travailler l'intéressante
corporation des tailleurs, décréta, pour toutes les
branches administratives, un costume officiel.

Les broderies reparaissent sur les habits mas-
culins, timidement, il faut le dire, car les hommes
sont condamnés, dorénavant, au chapeau rond et
à l'habit noir ou bleu.

On demandait un jour au célèbre tailleur de
cette époque, Humann, 15, rue des Filles-Saint-
Thomas, puis 83, rue Neuve-des-Petits-Champs,
d'inventer un nouveau costume masculin : « J'in-
venterai ce costume, répondit-il, le jour où les
hommes ne se coifferont plus avec cet affreux
tuyau de poêle qui s'appelle un chapeau rond.
Trouvez-moi une nouvelle forme de coiffure, et je
vous trouve une nouvelle forme de vêtement. »

Le célèbre comte d'Orsay ne porta guère le chapeau rond.

Il se faisait habiller par Staub, 15, rue Saint-
Marc.

Nous avons parlé de Renard et de Humann
comme tailleurs célèbres de cette époque, il nous
faut signaler aussi Dusautoy (à l'angle du boulevard et de la rue Le Peletier). C'était un des
maîtres de la mode et Théodore Barrière y fait
allusion dans son amusante pièce *Le Testament
de César Girodot*, quand le fils dit à son père :
«Mais, papa, ce n'est pas toi qui m'habille, c'est
Dusautoy. »

Un autre tailleur, également célèbre, fut Buisson, 108, rue de Richelieu. Il était le fournisseur
de Balzac.

Il était en même temps son propriétaire, car
Buisson ne se contentait. pas d'être tailleur, il
était également spéculateur en immeubles, et il

avait bâti, à ses frais, sur l'emplacement de Frascati, une superbe maison dont il fut d'abord le
principal locataire. Il payait cinquante mille francs
de loyer, mais, au bout de dix-neuf ans, le bail
devait rester au propriétaire du terrain.

Les frais de construction s'étaient élevés à sept
cent mille francs environ, et, malgré cela, Buisson
fit un joli bénéfice au bout des dix-neuf années
de bail.

On trouvait, chez ce Buisson, un « habit drap,
tête de nègre, collet de velours » pour 110 francs,
un « pantalon noir habillé » pour 45 francs, une
« redingote bleue, Louviers fin » pour 120 francs.

Balzac, qui occupait dans la maison de Buisson
un pied-à-terre de 300 francs par an de loyer,
payait mal, aussi bien le tailleur que le propriétaire, et, le 1er avril 1842, Buisson le fit expulser.

*
* *

Après les tailleurs, les bottiers : l'élégant de la
Restauration se fait chausser par Kingen ou par
Gay, venu de Londres s'établir, d'abord rue de la
Michodière, puis 10, rue de la Paix, ou bien encore
chez Collmann, 278, rue Saint-Honoré, qui fut le
bottier du comte de Chambord et qui fut aussi
célèbre qu'en France en Allemagne et en Angleterre.

Le gilet du dandy sera de chez Blanc, galerie
de Valois, au Palais-Royal ou de chez Moreau ;
ses chemises de chez Darnet, 83, rue de Richelieu,
ses gants et cravates de Walker.

Son chapeau sortira de chez Baudoin ou de chez Chevassus, également rue de Richelieu, au 62, mais il dédaignera les chapeaux en castor noir ou gris de chez Biget, 32, rue de Rivoli. « Remplaçant avec avantage ceux en soie qui sont au même prix. » « Mort aux chapeaux de soie ! » Telle était le titre de l'annonce que ce Biget envoyait aux journaux.

Plus tard, sous le second Empire, l'élégant se coiffera chez Delion ou chez Léon, ou bien encore chez Pinaud et Amour, maisons qui existent encore.

De même, il dédaignera les magasins de la « Petite Jeannette », boulevard des Italiens, ainsi que la « Maison des Variétés ».

Le mouchoir ou le jabot du dandy fleurent bon s'ils sont parfumés par Pinaud ou Violet.

Citons encore, parmi les parfumeurs, Houbigant, déjà installé 19, faubourg Saint-Honoré où il est encore, Mignot, Lubin et Chardin.

Ses gants seront de chez Walker déjà nommé ou de chez Boivin, 12, rue de la Paix, puis 3, rue de Castiglione.

Sa montre de chez Bréguet, 51, quai des Morfondus (aujourd'hui, quai de l'Horloge).

Quant à ses cannes et parapluies, Verdier, célèbre dans le monde entier, en sera le fournisseur. Il était installé 102, rue de Richelieu.

*
* *

D'ailleurs, pour donner une idée de ce qu'était la mode masculine sous la Restauration, citons un

extrait du journal *Le Lutin* de juin 1829 où il est
question d'une visite qu'un oncle, entre deux âges,
fait à son jeune neveu :

« Il est dix heures du matin. Mon neveu Jules
est vêtu, chez lui, d'une robe de chambre à grands
ramages, nouée d'une cordelière et à collet schall,
doublé, ainsi que les revers, en étoffe couleur ponceau. Il est coiffé du véritable bonnet à fleurs
cachemire, forme grecque, avec une longue houpe
en soie ; c'est bizarre, peut-être, mais c'est à la
mode, et toutes les modes sont bizarres.

« Ainsi, les habits les plus nouveaux sont couleur vert russe, bleu clair, écorce de chêne, tuya
ou feuille d'alizier, et enfin terre de Morée.

« Ces habits, ouverts sur la poitrine, se font
sans fausses poches sur les hanches. Une ouverture, cachée sous la basque de l'habit, et nommée
« poche d'uniforme » reçoit le mouchoir.

« Les gilets habillés sont, pour la plupart, en
piqué à schall avec un cran qui marque la sépara-
tion du « collet » et du revers.

« Quant aux pantalons, ils sont de même en
piqué blanc, demi-collants, fermés au dessus de
la cheville, par des boutons de nacre ou un
ruban.

« On en porte aussi en nankin ou en étoffe du
Thibet, de couleurs pâles ; ceux-ci dessinent la
cuisse, sont plus étroits vers le genou, s'élargis-
sent ensuite et tombent un peu au-dessous de la
cheville ; ils ont une petite fente en bas et en
dehors.

« Joignez à cela un chapeau brun et des sou-

liers en étoffes de crin et vous aurez, de la tête
aux pieds, le costume d'un fashionable. »

Il nous faut dire que lorsque les Anglais lancè-
rent la mode de cet affreux fourreau qu'on nomme
le pantalon long, cette nouvelle mode fut fort
décriée.

Pour les réceptions du soir, la culotte courte
restait seule admise, et, de nos jours encore on
n'est reçu le soir qu'en culotte courte dans les
cours étrangères.

C'est que la culotte avec les bas de soie est
autrement seyante, pour la tenue de soirée, que
le vulgaire pantalon, et nous ne pouvons que
regretter que la campagne de rénovation en sa
faveur n'ait pas abouti.

Quand, vers la même époque, les hommes
commencèrent à porter des bottines montantes,
au lieu de souliers découverts, les sarcasmes
accueillirent cette mode nouvelle, et Mme de Girardin s'indigne, en 1839, de ce fait que les jeunes
gens ne portent plus de bas pour aller dans le
monde, mais comme ils n'osent encore s'y présenter en bottes, ils ont imaginé d'y venir en bro-
dequins comme des écoliers.

Elle serait sans doute satisfaite de voir qu'aujourd'hui, le soulier découvert revient plus que
jamais à la mode.

Lors d'une fête magnifique donnée à Tivoli, le
6 août 1829, fête dont l'entrée ne coûtait que la
somme modeste de trois francs, deux élégantes
causaient ensemble.

« Tu ne vois pas, dit l'une d'elles, ce beau
jeune homme qui nous suit depuis que nous sommes entrées ?

— Lequel ? Est-ce l'habit vert lustré, pantalon
blanc et gilet piqué à fleurs lilas ?

— Non, non ; celui dont je te parle est tout
seul : habit noir, gilet brun-hanneton et pantalon
merinos.

« Il est vraiment fort bien ce jeune homme ! »
(Extrait du *Lutin*, août 1829.)

En cette même année 1829, un fournisseur,
M. Leclerc, 53, rue de l'Orangerie, à Versailles,
offre d'équiper entièrement un chasseur pour la
somme minime de quatre cents francs.

M. Leclerc fournit, pour cette somme, un fusil
à double piston, canon tordu et marqué du poinçon
Leclerc ; une poire à poudre toute garnie ; un sac
à plomb également plein, un carnier en cuir et à
poche ; une petite boîte d'amorces, deux paires de
guêtres dont une grande et une petite et enfin.....
un beau chien âgé de trois ans : « Il est bien
dressé au rapport, tant en plaine qu'à l'eau. »

Ce M. Leclerc était une vraie providence pour les
heureux chasseurs de 1829 !

En 1834, le célèbre tailleur Humann, dont nous
avons déjà parlé, décrit ainsi la tenue du dandy
qui se rend au bal : « Habit bleu ou vert. Habit bleu
à boutons guillochés ou ciselés, collets de velours
noir mat, manches justes et presque courtes et
revers arrondis en entonnoirs ou rejetés flexibles
en éventail

« Les gilets sont en drap de soie à fleurs de brocard soie et or, et se ferment par une seule rangée de petits boutons d'or. Les pantalons de casimir prennent juste le corps et tombent à hauteur de la cheville.

« L'homme habillé par M. Humann obtient de l'aisance dans ses mouvements et conserve ou acquiert de la souplesse dans sa taille. »

Enfin le dandy n'aura garde d'oublier sa canne, cet accessoire indispensable de tout élégant. Beaucoup en possèdent une collection rarissime. Aux alentours de 1835, les cannes à la mode, qui viennent, soit de chez Verdier, rue de Richelieu, soit de chez Boissier, 14, boulevard Montmartre, sont des joncs à tête d'or ou de platine, des lauriers à tête d'or et cornaline gravée.

Avec la redingote ou l'habit fermé, les hautes têtes en or bruni à facettes sont charmantes.

En demi-toilette ou en toilette habillée, il y a les pommes incrustées de pierres, ou bien encore les joncs du Brésil, avec tête en lapis-lazzuli, ce qui était une grande nouveauté.

Nous ne savons si l'expression « se mettre sur son trente-et-un » fut inventé en 1831, mais toujours est-il, qu'en 1836, on disait, dans les mêmes circonstances : « se mettre sur son trente-six. »

Ainsi, un homme « mis sur son trente-six » devait avoir de beaux habits riches, des bottes pointues, une montre d'or plate, une chaîne d'or carrée, une cravate blanche empesée et des cheveux nouvellement frisés.

Un peu plus tard, en 1845, l'habit bleu lutte
encore avec l'habit noir pour la tenue de soirée,
mais le noir est bien près de l'emporter. Nous
oserons dire que c'est dommage. Avec l'habit noir,
on porte alors le gilet de piqué blanc, tout comme
aujourd'hui, et le pantalon noir de satin de laine,
les bas de soie et les souliers très découverts. Avec
le gilet blanc, on pouvait se permettre la cravate
de satin noire, mais la cravate blanche était pré-
férable.

Le matin, on portait, à cette époque, le pantalon
de couleur fauve, à raies, ou gris uni demi-large
à sous-pieds, la redingote, très serrée à la taille
et avec un seul rang de boutons ; très montante,
cette redingote ne laissait voir que peu du gilet et
de la cravate fantaisie.

Le gilet était souvent chamois avec pointe, à
châle et d'un seul rang de boutons. La cravate
noire allait très bien avec ce gilet.

La jupe de la redingote, doublée de soie, ne
descendait pas tout à fait jusqu'au genou. Sur le
côté gauche de la poitrine était la « poche du
cœur, ouverte extérieurement ».

Cette tenue était certes plus habillée que nos
complets actuels, ce qui n'empêche pas le chroniqueur de *La Mode* de regretter les beaux habits
de taffetas, de satin et de velours de l'ancien
régime, et il attribue à l'anglomanie du duc d'Orléans, de Lauzun et de M. de Nédonchelles la mode
des habits de drap que les grands seigneurs du
temps de Louis XV eussent trouvés tout au plus
bons pour leurs laquais.

« Nous sommes donc, conclut-il, n'en déplaise à M. Humann, très dégénérés en fait de toilette. »

Il constate pourtant que, sous le rapport de la lingerie, l'élégance a fait de grands progrès.

Le journal *L'Entr'Acte* du 10 janvier 1839 nous donne un curieux budget du dandy.

Nous y voyons ce qu'il faut, d'après le rédacteur de ce journal, pour qu'Arthur, Adolphe ou Ernest (prénoms à la mode à cette époque) puissent vraiment faire figure d'élégant dans la capitale.

L'habitation, d'abord. Il est évident que notre dandy ne saurait demeurer, par exemple, rue du Battoir-Saint-André-des-Arts (rue Serpente actuelle), dans une maison vieille, grimaçante et lézardée.

Il émigrera donc vers l'Ouest, et choisira un petit palais de marbre vert dans un quartier à la mode : rues de Rivoli, du Mont-Thabor ou de Mondovi.

Avec les écuries et remises, annexes et dépendances, il lui faudra compter environ 14 000 francs de loyer.

Il aura, dans son écurie, trois chevaux bai brun pour le matin et un cheval de coupé pour le soir.

En comptant les harnais, le foin, la paille et l'avoine, 20 000 francs.

Chez le tailleur : 5 000 francs de dépense annuelle. Habits noirs, habits de couleur, redingotes, costumes de cheval et de chasse, manteaux, etc., etc.

Chez le bottier : 5 000 francs également : bottes

b de promenade, de voyage, bottes vernies, bottes
d fauves, souliers fins, cirage, décrottage, etc.

Chapelier : chapeaux gris, noirs, longs, pointus,
) chapeaux de fantaisie, suivant les saisons, cas-
' quettes, toques, bérets, 3 000 francs.

Lingerie : 4 000 francs, car « les jeunes gens à
la mode ne sauraient se dispenser d'être très forts
sur l'article du linge ; c'est ce qu'on examine le plus
souvent en eux. « L'amour et l'Église veulent de
belles nappes blanches sur leurs autels respectifs. »

N'était-ce pas Brummell qui disait : « Peu de
parfums mais du linge en abondance, blanchi à la
campagne. » ?

Gants : « Deux paires par jour, tout le monde
sait cela » : 1 500 francs.

Parfumerie : crèmes, pâtes, essences, cosméti-
ques, benjoin, patchouly : 800 francs.

Bijouterie : montres, chaînes, camées, bagues,
porte-cigares, cure-dents, boutons de chemise :
18 000 francs.

Cannes, baguettes, cravaches, houssines et
d'autres troncs d'arbre ; leurs frais de dépôts aux
bureaux des théâtres, musées, concerts, etc., 1 000
francs.

Domestiques : un petit groom pour les courses
en ville, 2 000 francs.

Un bon drille taillé en hercule (à la fois chasseur et cocher) : 2 500 francs.

Un valet de chambre sachant raser, friser, coiffer, « et assez frotté de littérature pour écrire, au
besoin en demi-gros » : 3 000 francs.

Nourriture : 4 000 francs.

Les mille petits riens indispensables à Paris (lorgnons, lunettes d'approche) : 200 francs.

Théâtres : 3 000 francs.

Bouquets : 1 200 francs.

Pertes au jeu, paris, présents et pourboires : 6 000 francs.

Papeterie pour les billets doux, lettres d'amour, cartels, etc. : 500 francs.

Soit au total 94 500 francs.

Voilà qui représente un bien gros budget annuel pour un jeune homme de 1839 !

Le chroniqueur de *L'Entr'Acte* a beau dire que : « Sans ces débours, tout homme bien né tombe dans la croûte. »

Il a beau ajouter que s'il ne fait pas toutes ces dépenses, notre dandy devra renoncer à son avenir, à ses succès et à ses maîtresses, et qu'il sera forcé de devenir vertueux comme un académicien, nous ne pouvons nous empêcher de trouver ce budget quelque peu exagéré pour l'époque.

De plus, il nous semble que certaines dépenses, qu'on pourrait appeler « de premier établissement », ne doivent pas figurer au budget annuel. Ainsi notre jeune homme ne sera pas obligé d'acheter des chevaux chaque année et 18 000 francs de bijouterie par an nous paraissent quelque peu exagérés. Il est vrai qu'il y a les cadeaux à Mathilde, Irma ou Amandine.

Il nous faut remarquer aussi que rien n'est prévu pour le médecin, le dentiste et les contributions, mais à vingt ans on est si insouciant !

Enfin, pour en terminer avec la mode mascu-

line, signalons qu'en janvier 1833, la librairie
Roret publiait, dans la collection des *Manuels*,
un « Manuel du Tailleur ». L'auteur, M. Vandael
y traitait, dans un style clair en même temps
qu'élégant, de la coupe, de la mesure et de l'emploi des étoffes.

Et pour conclure, on nous permettra de regretter le temps où le comte d'Orsay, son beau-frère,
le duc de Guiche et leurs compagnons galopaient
au bois, vêtus de splendides redingotes, et où
Nestor Roqueplan causait le soir sur le boulevard
vêtu, ainsi que ses amis, d'un habit noir à col et
revers de velours, ou d'un habit bleu à boutons
d'or.

LES MODES FÉMININES

La transition qui nous permettra, après avoir décrit les costumes des prestigieux dandys, de passer à la toilette de leurs compagnes, nous est fournie par le journal *Le Sylphe*, qui, le 8 septembre 1829, publiait, sous le titre : « Désintéressement d'une femme sensible », une fantaisie qui dissimulait la chronique habituelle sur la mode.

L'auteur suppose que deux dandys causent ensemble. Or de quoi veut-on que deux jeunes gens parlent, sinon de femmes ?

Écoutons-les.

Cliche Tallandier

LA MODE FÉMININE EN 1837
d'après Gavarni

Pl. — XIV.

Le décor, d'abord : l'appartement d'un vieux garçon. Le papier imite une étoffe de soie damassée.

A la cheminée, suspendu par une chaîne ovale, un lorgnon en émail bleu et blanc, dont le verre est cassé. Une bourse en filet chiné, noir et ponceau, avec glands et coulants d'émail assortis.

Un jeune élégant cause avec un ami plus âgé.

L'un porte une redingote brune à collet de velours noir, l'autre un habit bleu, et beaucoup de bagues, dont l'une en or, émaillée en noir.

Ils sont devant une table à déjeuner ; les couverts sont en vermeil et portent une pyramide de fleurs en relief sur le manche.

Alors Ernest s'exprime ainsi : « Ah ! si vous voyiez comme elle est jolie sous sa capote à l'anglaise, vous savez ? Ou bien avec sa coiffure à la demi-chinoise et, quelquefois aussi à double bandeau lisse. Et puis, comme sa jolie taille est bien dessinée par son « canezou » de tulle sur une robe de mousseline à la « Fragoletta » !

— Oh ! reprend l'homme plus âgé, du moment que c'est à la « Fragoletta » ! D'ailleurs, elles en portent toutes, maintenant.

« Elles ne sauraient vivre sans petites fraises rouges avec feuillage vert, et sans cette torsade de trois brins, rouge, blanc et vert, qui marque l'ourlet à la hauteur des genoux !

(Il tire une lettre de sa poche et la lit à haute voix :)

« Ce matin, à mon lever, on m'a remis, de ta part, des cartons contenant les étoffes les plus nouvelles : de l'organdi blanc, de l'organdi rose,

de l'organdi mauve, de la « cotpali » rouge à
fleurs noires et du gros de Naples vert des Indes,
pour robes ; de la mousseline brodée au plumetis
pour pélerines ; une chaîne à la chevalière pour
coiffure, enfin des bonnets de toutes les façons ; les
uns à rubans bleus et blancs posés en guirlande
sur le front, les autres avec une seule rangée de
dentelle soutenue en couronne par des demi-
coques de rubans de gaze, toutes de couleurs différentes ; d'autres enfin en blonde noire ornés d'appli-
cation d'Angleterre sur le bord des garnitures. »

*
* *

La même année, on trouve chez Delisle (grand
magasin Sainte-Anne), de la mousseline fond blanc
à grands feuillages disposés en colonne, et, pour
les bals champêtres, des robes en guimpe
auxquelles on adapte des manches énormes, dites
« manches à l'imbécile ».

Les robes de batiste de laine et de batiste
d'Écosse avaient aussi la forme de guimpes.

« On les orne de broderies de couleur et surtout
de dessins de cachemire qui produisent un effet
charmant. »

Quant aux robes habillées, elles avaient le corsage
très décolleté sur les épaules, les manches courtes
et très volumineuses.

En 1830, les bijoux en argent remplacent ceux
en or, réputés de mauvais goût, et que, seules, les
grisettes enrichies consentent à porter, ou bien

encore les bourgeoises du Marais. Mais que ferait d'une chaine d'or une élégante de la chaussée d'Antin? Elle ne veut que des bijoux d'argent, par exemple de ces boucles d'oreille de forme gothique, ou de ces colliers formés d'anneaux ovales ou carrés, ou bien encore un boîtier de montre pour y enfermer un mouvement de Bréguet.

*
* *

Entre 1828 et 1830, lorsque le comte d'Orsay, alors à l'apogée de ses succès de dandy, vint habiter Paris avec lady Blessington, les magasins à la mode reçurent leur visite et lady Blessington, accompagnée de la jeune duchesse de Guiche, sœur du comte d'Orsay, fut chez Palmyre, qui exposait des robes magnifiques, chez Mme Alexandre Bandart, qui préparait des atours merveilleux pour la Taglioni, chez Herbault et Leroy (8, rue Saint-Augustin et 89, rue de Richelieu) où l'on trouvait les dernières créations en fait de chapeaux, turbans et manteaux de cour.

Et quels étaient les prix que devait mettre le dandy qui voulait faire plaisir à sa belle amie en lui offrant un chapeau à la mode?

200 francs pour un « chapeau à fleurs », 320 francs s'il était garni de crêpe et orné de plumes; un « négligé du matin » 100 francs, et un chapeau de soirée en tulle paré de dentelles et de fleurs, 85 francs. (*Le comte d'Orsay*, par Maurice Lecomte.)

Chez Victorine, 1, rue du Hasard, près de la rue de Richelieu, entre la rue Sainte-Anne et la rue

Traversière-Saint-Honoré, on trouve de bien jolis modèles de robes.

C'est que Victorine est à la mode. Elle a l'honneur d'habiller la cour. N'est-elle pas, en effet, la couturière de la duchesse de Berry ?

Plus tard, en 1844, Victorine devait transporter ses ateliers dans les quartiers neufs, 44, rue de Provence. Victorine ou plutôt une de ses descendantes, si l'on peut dire, car c'était alors la quatrième du nom.

Entre temps, lady Blessington et la duchesse de Guiche vont manger des gâteaux chez Domas, le célèbre pâtissier du passage des Panoramas.

En 1835, les femmes portent, pour les petits théâtres, des robes de velours montantes, noir ou foncé.

Pour l'Opéra et les Italiens, des robes montantes en velours et en satin, avec chapeaux de velours à plumes de couleur ou capotes de satin à plumes.

En « demi-toilette », un héron de couleur ornait parfois un chapeau de velours vert ou violet.

Un bouquet de chez Mme Prévost orne le corsage, et les belles dames combattent la chaleur de la salle à l'aide d'un éventail venant de chez Mme Lefrançais, 26, rue de Richelieu.

Citons encore, parmi les chapeaux à la mode à cette époque, ce gracieux bonnet en dentelle de soie, garni d'un biais de tulle et de petits œillets pourpres, avec une couronne de rubans blancs autour de la forme.

Et ce petit chapeau de velours épinglé bleu ciel avec plumes blanches n'est-il pas exquis? Il est destiné à la marquise de S... qui met avec, dans ses cheveux, des touffes de roses nymphes tombant assez bas.

Citons encore de jolies capotes de velours, des turbans à la juive ou égyptiens (le turban est très à la mode aux alentours de 1835). Toutes ces « créations », dirions-nous aujourd'hui, viennent de chez Mlle Bulbens, 41, rue Neuve-Vivienne.

Quant aux éventails, on en trouvera un grand choix chez Duvelleroy, établi alors passage des Panoramas, avant d'émigrer vers le boulevard de la Madeleine.

Et pour le bal, on trouvera aux jolis magasins du Minaret, 11, boulevard Poissonnière, tulles rayés, organdis brodés d'or, gazes d'Égypte, velours, satins, étoffes brochées, toutes nouveautés ravissantes, aux nuances douces et d'un travail délicat.

Sous Louis-Philippe, la maîtresse de maison qui reçoit chez elle, cache ses cheveux sous un bonnet de dentelle de gros de Naples façonné, garni d'une ruche découpée (plus connue sous le nom de chicorée). Ses bas à jour sont extrêmement fins, ses souliers sortent de chez Gros ou de chez Muller, ses manchettes de Valenciennes sont d'une coquetterie délicieuse.

Pour les courses en ville, l'élégante de 1839 portera une redingote en pékiné noir et violet, collerette plate en mousseline brodée, châle de cachemire noir doublé de bleu ciel, garni d'un passe-poil, bottines noires, ou bien encore cette redingote en satin bleu Louise, châle en peluche noire, doublé de marceline orange et brodé d'une frange de chenille, chapeau de velours noir, rubans et plumes bleu Louise, souliers de velours.

Deux ans plus tard, en 1841, les femmes se coiffent de sortes de casquettes de loutre et gaze rose, garnies de fausses perles. Vraiment, ce ne devait pas être bien joli ! Les robes, de deux ou trois couleurs, sont bleues à revers jaunes, vertes avec revers amarante ou grises à parements violets. Les gants blancs se garnissent d'hermine. Quant aux bijoux à la mode alors, ce sont des animaux : singes, renards, chiens, chats, hiboux, tortues. Sur les mouchoirs sont brodés des paysages avec personnages animés.

Après la révolution de 1848, quand les esprits furent de nouveau calmés, les femmes se remirent à songer à la toilette et, en 1849, Mmes Euphrasine et Hautecœur préparent de très jolis chapeaux printaniers. Ainsi, pour Longchamp (pas le champ de courses qui n'existait pas encore, mais la promenade traditionnelle des jours saints dont la vogue avait déjà bien diminué) elles font de coquettes capotes en tulle blanc brodé de paille avec une voilette pareille, et qui ont de côté une touffe d'épis et d'herbes paille.

La même année, Mme Daniel Deray, *A la Couronne Royale*, crée des « fichus à la Marquise ».

Quant à son « déshabillé Antoinette », il obtient un succès prodigieux dans tout le faubourg Saint-Germain.

Cette maison passait d'ailleurs pour réactionnaire, car elle n'avait qu'une clientèle aristocratique.

Quant à la crème de lys venant de chez Delabrière-Vincent, c'est la pâte la plus onctueuse et la plus pure « qui donne au teint la pâleur nacrée de la fleur royale ».

Il n'était pas de mode alors d'avoir la peau brûlée par le soleil, bien au contraire !

L'élégante qui désire choisir des objets d'orfèvrerie se rendra chez le célèbe Odiot.

Si c'est une ombrelle qui lui fait envie, elle s'adressera au non moins célèbre Verdier. Elle y trouvera un bijou de soie rose, brodée de fleurs d'Alençon, avec manche en opale enrichi d'or et d'émeraudes.

Les robes de cette année-là se font « à la Raphaël », « à la Diane de Poitiers » ou bien « à la Pompadour ». Celles-ci, toutes gracieuses, sont en grenadines et en mousseline Watteau, le devant de la jupe ornée de petits volants à tête simulant des ruches disposées en tablier. Les mantelets, très variés, forment des « casaweths » à manches et sont amples comme des casaques du matin, mais, pour la promenade, la femme de bon goût leur préférera le fichu Lamballe.

Les chapeaux se font, en 1849, plus évasés que

l'année précédente, ils sont même excentriques e.
se ressentent des idées démagogiques.

Aussi Mme Julien, 34, boulevard des Italiens,
élève de Mme Bidault, recherche-t-elle, avant tout,
une simplicité élégante et de bonne compagnie
pour toutes ses coiffures.

Enfin, après le coup d'État de 1851, c'est le
Second Empire, c'est l'époque de la crinoline,
inventée, dit-on, par l'impératrice Eugénie pour
dissimuler son état, alors qu'elle était grosse du
Prince Impérial.

Les femmes sont prisonnières dans cette forte-
resse de baleines, et les caricaturistes de l'époque
peuvent exercer leur verve sur la mode.

Reconnaissons cependant que si la crinoline
manquait de grâce, les décolletés arrondis du
Second Empire en avaient extrêmement. Il y eut
des épaules célèbres qui inspirèrent les peintres.

Sous le Second Empire, les femmes se font
habiller chez Worth, installé déjà rue de la Paix,
ou bien chez Mme de Baisieux, successeur d'Her-
mantine Durez, couturière de L. A. R. la princesse
de Joinville et la duchesse d'Aumale, de la comtesse
d'Aquila et de plusieurs cours étrangères. Ses
ateliers étaient situés 8, place Vendôme.

Citons encore Palmyre, Chartier et Cie, 13, rue
Laffitte.

Et pendant toute cette élégante époque qui, de
la Restauration, va jusqu'en 1870, cavaliers et amazones n'ont cessé de galoper à travers les allées

du Bois de Boulogne. Cavaliers et amazones habillés par Schwebisch.

Tissus de nankin, de damas, de velours, de
drap, de brocatelle Pompadour.

La jolie petite vicomtesse de T… porte une amazone ayant un « casaweth » Louis XIII en velours
vert et une longue jupe flottante en damas vert
Chambord semé de bouquets de roses. Elle est
coiffée d'un feutre blanc de Chevassus, légèrement
incliné devant et derrière et posé sur le côté, avec
une plume d'autruche blanche, longue et flottante
(1849). Elle tient à la main une cravache de Verdier, si l'on peut appeler cravache cette délicieuse
liane, plus flexible qu'une branche de vigne vierge,
au manche en or incrusté de rubis, de diamants
et d'émeraudes représentant des fleurs charmantes.

Le cavalier qui l'accompagne est habillé par
Becker jeune (4, rue Neuve-Saint-Augustin) et sa
chemise sort de chez Darnet (83, rue de Richelieu).

Il faut, certes, vivre avec son temps, comme
on dit, mais ne peut-on, en ce si démocratique
vingtième siècle, regretter un peu l'époque charmante où nos pères, insouciants, avaient le loisir,
délicieusement habillés, de flâner dans un Paris
presque intime et qui, aujourd'hui, nous ferait
l'effet d'une lointaine province ?

GRISETTES ET LORETTES

.

A notre époque, bien des personnes s'imaginent que ces appellations, aujourd'hui désuètes, de grisettes et de lorettes désignaient le même genre de femmes.

Il n'en était rien. D'abord, les deux termes ne sont pas de la même époque.

Dès le Directoire, on désignait sous le nom de « grisette », la petite ouvrière, ou la jeune blanchisseuse, ardente au travail, vaillante contre la misère, ayant toujours l'amour au cœur, le refrain joyeux à la bouche, et riant à tous propos de toutes ses jolies dents.

C'est la *Lisette de Béranger*, la *Mimi Pinson* de
M. Murger, la *Jenny l'Ouvrière* d'Adolphe d'Ennery.
C'est aussi l'héroïne de Paul de Kock, qui, les
dimanches d'été, suit son compagnon, le plus souvent « calicot », parfois aussi jeune bourgeois,
vers les banlieues champêtres de Montmorency,
ou bien encore de Robinson ; ce sont de folles
parties d'âne, à moins que ce ne soient des parties
de canot à Asnières ou bien encore les distractions
multiples de la fête de Saint-Cloud.

La grisette se nomme aujourd'hui midinette,
mais son type restera éternel : l'ouvrière française,
et plus particulièrement parisienne, toujours vaillante et toujours de bonne humeur, sachant prendre la vie avec philosophie et cachant parfois
hélas, sous une apparente gaîté, de graves soucis
de famille ou d'argent.

Il arriva parfois à quelques grisettes de jadis de
demander une petite aide pécuniaire à leur amant
de cœur. Chaque fois elles demandèrent un peu
plus, jusqu'au jour où elles songèrent qu'un protecteur plus riche pourrait leur assurer leur avenir sans qu'elles aient besoin de travailler.

La grisette devenait alors « lorette ».

Pourquoi « lorette » ?

Parce qu'elle habite, le plus souvent, dans ce
beau quartier neuf qui vient de se construire aux
alentours de Notre-Dame-de-Lorette. Or, si nous
croyons Villemessant, ce serait Roqueplan qui
aurait inventé l'appellation de « lorette », qui devait faire fortune. En tous cas il en fit la mono-
graphie.

« On sentait, dit-il dans les *Nouvelles à la main,* le besoin de remplacer par un autre, ce vieux mot vilain et impropre de « filles entretenues ». Il n'y a que des lorettes, elles savent où elles vont maintenant : toute leur vie sera entre Notre-Dame-de-Lorette et la Madeleine.

« L'une est le point de départ, l'autre l'arrivée, seulement, sur la route, on trouve « la Chaumière », le « Ranelagh » et « Mabille », mais la Madeleine avait tant péché et le Seigneur lui pardonna cependant...

« Grâce à cette symbolisation du repentir, écrite par le sculpteur au fronton de la Madeleine, toutes les maisons de la rue Tronchet vont devenir des couvents. L'église de la Madeleine sera les Invalides de l'amour. »

Donc si la grisette, ouvrière souvent encore honnête, mais qui parfois aussi ne rêve que de ne plus le rester, était connue sous ce terme dès le Directoire, ce ne fut que sous Louis-Philippe, et peut-être bien sur l'instigation de Roqueplan, que le mot lorette fut adopté.

Le terme fut d'ailleurs immortalisé par Gavarni, qui lui doit sa popularité. Il a gravé sur bois des épisodes de leur vie entière.

La lorette est célébrée par tous les auteurs de l'époque et Théophile Gautier en fait la définition que voici :

« Ordinairement fille de portier, la lorette a eu d'abord pour ambition d'être chanteuse, danseuse ou comédienne ; elle a, dans son bas âge, tapoté quelque peu de piano, épelé les premières pages

Cliché Tallandier

MADAME!... UN BILLET DE BAL POUR UN BAISER
DE VOUS... (Les Lorettes)
d'après Gavarni

Pl. — XV.

de solfège, fait quelques pliés et une classe de
danse, et déclamé une scène de tragédie avec sa
mère qui lui donnait la réplique, lunettes sur le
nez.

« Quelques-unes ont été plus ou moins choristes, figurantes ou marcheuses à l'Opéra, elles
ont toutes manqué d'être premiers sujets. Cela a
tenu, disent-elles, aux manœuvres d'un amant
évincé ou rebuté ; mais elles s'en moquent. Pour
chanter, il faudrait se priver de fumer des cigares
Régalia et de boire du Champagne.

« La lorette ne peut pas avoir moins de quinze
ans (au-dessous elle rentre dans la catégorie des
« rats ») ni plus de vingt-neuf ans. »

Mais, passé cet âge, que deviennent-elles ?

Les unes épousent des princes étrangers, les
autres, telle la Dame aux Camélias, meurent de
la poitrine, d'autres enfin reviennent à leur point
de départ, c'est-à-dire à la loge de concierge.

Nous venons de faire allusion à la Dame aux
Camélias. Or, sait-on que Roqueplan — encore
lui — prétend, dans ses *Nouvelles à la main*, avoir
rencontré un jour, vers 1840, une jeune fille
« jolie, délicate et malpropre comme un colima-
çon mal tenu ».

Elle grignotait sans appétit une pomme verte.

Pensant que la pomme de terre frite était son
rêve, Roqueplan lui en offrit un cornet.

Cette jeune fille, affirme-t-il, n'était autre que
Marie Duplessis, la future « Dame aux Camélias » ;
voilà en tous cas une curieuse rencontre, mais
l'auteur des *Nouvelles à la main* ne nous dit pas

s'il s'intéressa à la jeune fille jusqu'au jour où Dumas devait l'immortaliser sous le nom de Marguerite Gauthier.

Toujours est-il qu'après le succès du roman et de la pièce d'Alexandre Dumas, quand une lorette arrivait au faîte de la gloire et de la prospérité, on ne l'appelait plus lorette mais « Dame aux Camélias ».

Lors de la construction du quartier de Notre-Dame-de-Lorette, les propriétaires, embarrassés parfois de trouver des locataires (que les temps sont changés !), imaginèrent de loger quelques lorettes dans leurs nouvelles constructions. Autrement dit, ils leur faisaient « essuyer les plâtres ». La seule condition qu'ils leur imposèrent fut de garnir leurs fenêtres de rideaux afin de simuler la population qui manquait encore.

Les lorettes acceptèrent avec d'autant plus d'empressement que les loyers étaient d'un prix très réduit.

Au bout de quelques temps, le propriétaire leur donnait congé, elles transportaient alors leurs pénates dans d'autres immeubles aussi neufs.

Les quartiers que les lorettes avaient « assainis » se peuplèrent de bourgeois, de négociants et d'entrepreneurs. Un certain nombre de lorettes se concentrèrent dans les alentours de la rue de Bréda, aujourd'hui rue Henri-Monnier.

Les auteurs du temps de Louis-Philippe et du Second Empire nous racontent ce qu'était la journée d'une lorette.

C'est ce que fut de tout temps la journée d'une

courtisane, et les mœurs n'ont guère changé depuis cette époque.

En décrivant la journée d'une « cocotte », les auteurs de l'époque contemporaine ne font que répéter les mêmes choses que leurs prédécesseurs.

Seuls le mobilier et les toilettes ont changé suivant les époques. Sous le Second Empire, l'appartement de la lorette était décoré de tableaux de Meissonnier, de porcelaines de Sèvres, de statuettes de Saxe, de bijoux de chez Aucoc, de meubles de Boule ou de Tahan.

Elles demeuraient presque toutes aux environs des grands boulevards. Caroline Letessier et Anna Deslions habitaient presque à l'angle du boulevard et de la rue Taitbout. Léonide Leblanc avait son entresol au coin de la rue Laffitte et de la rue Lafayette, récemment ouverte.

La lorette avait toujours à son service une soubrette dévouée ; les trahisons des soubrettes envers leurs maîtresses étaient très rares. Esther Guimond, l'amie de Roqueplan, disait, à la fin de sa carrière : « J'ai pris souvent des amants à des amies, mais je me rends cette justice de ne jamais leur avoir soufflé leur femme de chambre. »

Les lorettes étaient diversement cotées suivant les quartiers qu'elles habitaient ; c'est ainsi que le protecteur d'une lorette habitant, par exemple, rue de Grammont, pouvait s'en tirer pour trois cents francs par mois (pour les gants et les fleurs). Rue du Helder, c'était déjà plus cher : quatre cents francs par mois (avec un groom). Rues Saint-Lazare et de la Chaussée-d'Antin, il fallait compter cinq cents francs par mois (une voiture avec un cheval).

Quant à la lorette qui habitait au faubourg du Roule (faubourg Saint-Honoré), il lui fallait un protecteur qui fût au moins comte, sinon duc, et qui pût lui assurer une pension de deux mille francs par mois, un pavillon dans un hôtel, deux voitures, deux chevaux, un chasseur et un cuisinier.

*
* *

Esther Guimond, Blanche d'Antigny, Cora Pearl, Louise la Blonde, « Carabine », Louise Guipure, Pauline Fleury, la grande Salomé, Marie Sergent, dite la « reine Pomaré », Rigolboche, Adèle Courtois, Anna Deslions, Hortense Schneider, telles étaient les lorettes appelées aussi « lionnes » sous le Second Empire, qui furent de tous les soupers offerts par Khalil-Bey, par Gramont-Caderousse ou bien encore par le prince de Galles, futur Édouard VII, et pendant lesquels les Nestor Roqueplan, Roger de Beauvoir, Barbey d'Aurevilly et autres élégants de cette amusante et heureuse époque, faisaient assaut de gaieté, et lançaient des plaisanteries plus drôles les unes que les autres, et surtout remplies d'un esprit pétillant et primesautier.

LE DÉBUT DES COURSES
ET LE SPORT SOUS LE SECOND EMPIRE

Après avoir quitté l'Opéra-Comique, et avant de prendre la direction du Châtelet, Roqueplan collabora pendant quelque temps au *Constitutionnel*, le journal de son ami Véron.

Il publiait un feuilleton chaque semaine, sur des sujets assez variés, et, le 29 avril 1867, il parle des sports, ce qui était, certes, bien hardi pour l'époque.

Pensez donc ; un journal aussi grave que le *Constitutionnel*, consacrer un feuilleton à pareil sujet en 1867, sous le Second Empire !

En fait de sport, on ne connaissait alors que les courses de chevaux, et un peu aussi l'escrime, qui ne faisait guère parler d'elle dans les journaux.

C'étaient les deux seuls exercices admis pour les gens du monde, et, parmi ceux-ci, une minorité seulement les pratiquait. Les autres croupissaient dans une inaction physique déplorable.

Roqueplan cependant, élève de Gâtechair pour l'escrime, des frères Lecour pour la boxe française, se piquait de comprendre et de vanter l'utilité des exercices physiques.

Il n'avait jamais été brillant cavalier bien qu'il fît partie de la garde nationale montée ; à la chasse il était un tireur ordinaire et il n'avait jamais pu parvenir à nager. Il sut cependant comprendre l'utilité et l'intérêt de certains sports, à une époque où il fallait un vrai courage pour oser attacher de l'importance à pareil sujet.

« La gymnastique, dit Roqueplan, n'est pas un art dont l'hygiène puisse seule s'attribuer les bienfaits. Elle donne aussi à l'emploi de la force physique des règles qui défendent le faible contre la « brute musclée ».

« Par gymnastique, il faut entendre non seulement les exercices classiques du trapèze, des parallèles, du tremplin et des « alters » (sic) mais encore, et comme complément, la lutte, la boxe, la « savate » : il faut l'appeler par son nom vulgaire qui vaut bien le nom de « chausson » et la périphrase euphémique d' « adresse parisienne ».

Suit une assez longue dissertation sur les

coups de pied de figure, peu efficaces, dit Roqueplan au point de vue pratique, parce que, dans un
combat de rue, par exemple, ils demandent beaucoup trop d'espace si l'un des deux combattants
veut éviter l'abordage.

Nestor Roqueplan avoue qu'à ce point de vue, il
préfère la boxe anglaise, mais il ironise agréablement en nous disant qu'elle peut s'exercer dans
les espaces restreints, par exemple d'une stalle
d'orchestre à une autre, ou encore dans un
compartiment de chemin de fer, dans une chambre à coucher ou dans un salon du meilleur
monde.

*
* *

Écoutons-le maintenant nous parler de la natation[1] :

« Pendant les quelques beaux jours que vient
de nous donner la miséricorde du ciel, les tritons
et les naiades d'eau douce ont pu faire la coupe
et la planche aux rayons d'un soleil chaud.

« L'éducation féminine est devenue tellement
gymnastique que la petite école du pont des Saints-
Pères ne pouvait plus contenir les nageuses de
tout rang et de tout âge, depuis la petite pensionnaire osseuse et noiraude, jusqu'à la Minerve
charnue et diffuse. On raconte d'ailleurs que c'est
un assez vilain musée. »

Au tour de la chasse maintenant[2] :

---

1. *Nouvelles à la main* du 20 septembre 1841.
2. *Nouvelles à la main,* 1841 et 42.

« A cette époque de l'année, la France retentit d'explosions ; partout c'est un tapage de fusils qui partent, de capsules qui ratent, de chiens qui aboient, de gardes qui crient et de cultivateurs qui gémissent.

« Les voitures publiques ne transportent que des carniers faisandés, des épagneuls qui se grattent, des chasseurs poudreux qui vous déchirent les jambes avec les batteries de leurs armes. Partout du bruit, du mouvement, une formidable odeur de poudre, du gibier nulle part.

« Parmi les propriétaires des plus belles chasses de France, figure en première ligne le marchand de comestibles Chevet, dont M. de Rothschild n'est que le pourvoyeur et le prête-nom à Ferrières. »

Roqueplan passe ensuite en revue les principaux propriétaires de chasses : MM. A. Delamarre, à Marchais, Roger, aux Chenets, le prince de Wagram, à Gros-Bois, Mme de Villeplaine, à Lagrange, M. de Girardin, à Ermenonville.

Enfin, la chasse à courre :

« Ce sera bientôt la chasse à courre. M. de ... a fait lâcher dans une forêt quantité de sangliers et de daims venus de très loin et à grands frais.....

« Les sportsmen les plus distingués de France s'étaient donné rendez-vous à la fin de mars dans la forêt d'Othe (Aube) où ils ont pris plusieurs sangliers. Cette partie était composée de MM. de Mac-Mahon, de Saluces, de Vassy, de Tournon, de Simonis, de Wagram, de Plaisance, etc. »

*
* *

Un autre jour, c'est sur le canotage que Roqueplan exerce sa verve : « Les spectacles d'été. — Depuis la mode des chants de pêcheurs et des barcaroles, tout le monde a regretté de ne pas être marin de la *Belle-Poule* ; de là ce goût si singulier pour cette marine d'eau douce appelée « canotage ».

« Aux jours de fête, les chemins de fer débarquent sur toutes les rives de la Seine environ dix mille hommes travestis en marins, leur chapeau se penche en arrière, repoussé par une touffe de cheveux bouclés au sommet du front, une vareuse grossière flotte sur leur dos, leur col se rabat avec cette grâce enfantine et pittoresque qui est propre aux matelots, une ample couche de goudron donne à tout ce déguisement un vernis et un parfum de Brest, et les chefs d'équipage portent les enseignes du commandement : uniforme bleu, sabre, épaulettes.

« Qui n'a pas vu, aux stations d'Asnières, de Maisons, de Sèvres, descendre nos Jean-Bart de la banlieue, ne peut se faire une idée de cette innocente démence.

« Eugène Süe est cause que la plupart des canotiers s'appellent Flambard [1]. »

Certes, le canotage, que Maupassant devait chanter plus tard en des pages inoubliables, n'était pas encore, au temps de Roqueplan, le

---

1. Personnage des *Mystères de Paris*, d'Eugène Süe.

sport sérieux qu'il est devenu depuis sous le nom d'aviron.

La plus ancienne des épreuves de ce sport, le championnat de la Seine, fut pourtant ramée pour la première fois dès 1854 ; mais sous le Second Empire, la vie des canotiers se passait au moins autant dans les nombreuses guinguettes des bords de la Seine ou de la Marne que sur l'eau.

Les canotiers de cette époque revêtaient une « salopette », et, leur « brûle-gueule » dans la bouche, parlaient « chien de mer » et juraient comme des portefaix.

Leurs embarcations s'appelaient le *Veau Marin*, la *Rafale*, l'*Écrevisse*, le *Crapaud*, la *Grenouille*.

Le quartier général du canotier est alors le pont d'Asnières, ou bien encore celui de Bercy, près duquel était une grande taverne où se retrouvaient chaque dimanche tous les fervents de l'aviron.

La plupart des embarcations qui sillonnaient alors la Seine étaient construites de manière à recevoir des voiles. Il y avait des cutters, des lougres et des goëlettes, des yachts et une pirogue baleinière, le *Chocolat*.

Toutes les classes de la société composaient les équipages de ces embarcations. Artistes, étudiants, marchands, commis de boutique, et même, sous la monarchie, fils de pairs de France, étaient chefs d'équipe ou matelots.

Chaque année, les canotiers d'Asnières donnaient de grandes fêtes nautiques. On y entendait des musiques militaires. D'élégantes jeunes femmes assistaient à ces fêtes.

Bougival, avec son célèbre « bal des canotiers » et sa non moins célèbre *Grenouillère,* ne fut à la mode qu'un peu plus tard, au temps de Maupassant, mais il faut bien dire qu'au point de vue sport, le canotage qu'on y faisait n'était guère sérieux.

Ces endroits étaient surtout fréquentés par une bande de jeunes et joyeux Parisiens accompagnés de leurs amies, et comme ils ne pouvaient se passer de leur manie de souper, on riait, chantait et dansait jusqu'après minuit. La chaleur des après-midis n'incitant guère à l'exercice, c'est à peine si pendant une heure, avant le dîner, ces Parisiens effleuraient l'eau d'une rame nonchalante.

Parfois, ils se livraient à quelques ébats de natation dans les eaux plutôt sales de la Seine.

Depuis cette époque, l'idée sportive a fait des progrès !

*
* *

Dans ses *Nouvelles à la main,* Roqueplan, qui ne craint pas d'aborder tous les sujets, parle, en 1841, des courses de Chantilly, mais sans doute n'était-il pas très connaisseur en sport hippique car, bien plus que sur les courses elles-mêmes, il insiste sur les détails pittoresques, sur les « à-côté » de ces réunions plus mondaines que sportives.

Les courses de Chantilly remontent à 1834, année où se courut le premier Derby.

En 1841, ces courses étaient encore très champêtres ; écoutez plutôt le récit qu'en fait Roqueplan dans ses *Nouvelles à la main* :

« Elles duraient trois jours, On cherchait sur-

tout à assister aux essais qui se faisaient en quelque sorte en cachette, au point du jour. Certains
se déguisaient même en paysans et se couchaient
à plat ventre à la lisière de la forêt, de façon à
surprendre les « jockeis » qui n'auraient pas fait
leurs essais en conscience. Cette année-là, le prix
du *Jockey Club* fut gagné par Poetess, un des
chevaux de lord Seymour.

« Quelques femmes faisaient des paris dont
les enjeux étaient une ombrelle, un nécessaire,
un bouquet, une cravache.

« Comme d'habitude, ces dames aiment moins
parier avec leurs maris qui ne les payent jamais,
qu'avec les étrangers qu'elles oublient de payer
quand elles perdent. »

Le jeudi 13 et le vendredi 14 mai, il y eut, le
soir, spectacle au château : des acteurs de Paris,
Arnal, Bouffé, Mme Doche, jouèrent *Le Cabaret de
Lustucru, Renaudin de Caen, Boquet père et fils*, et
Les vieux péchés.

La salle était charmante, illuminée avec éclat.
Après la représentation, on dansa dans le grand
salon. Le duc et la duchesse d'Orléans, le prince
de Joinville étaient installés au château depuis le
mercredi, aussi Chantilly se peuplait-il d'heure en
heure.

Le samedi 15, il y eut une chasse à courre. Le
prince de Joinville, le prince de Wagram, MM. de
Cambis et de Bérenger y avaient pris part ; la
curée eut lieu à la lueur de cinquante torches
tenues par des piqueurs en livrée rouge.

Ce fut ensuite un concert sur l'eau, des barques,

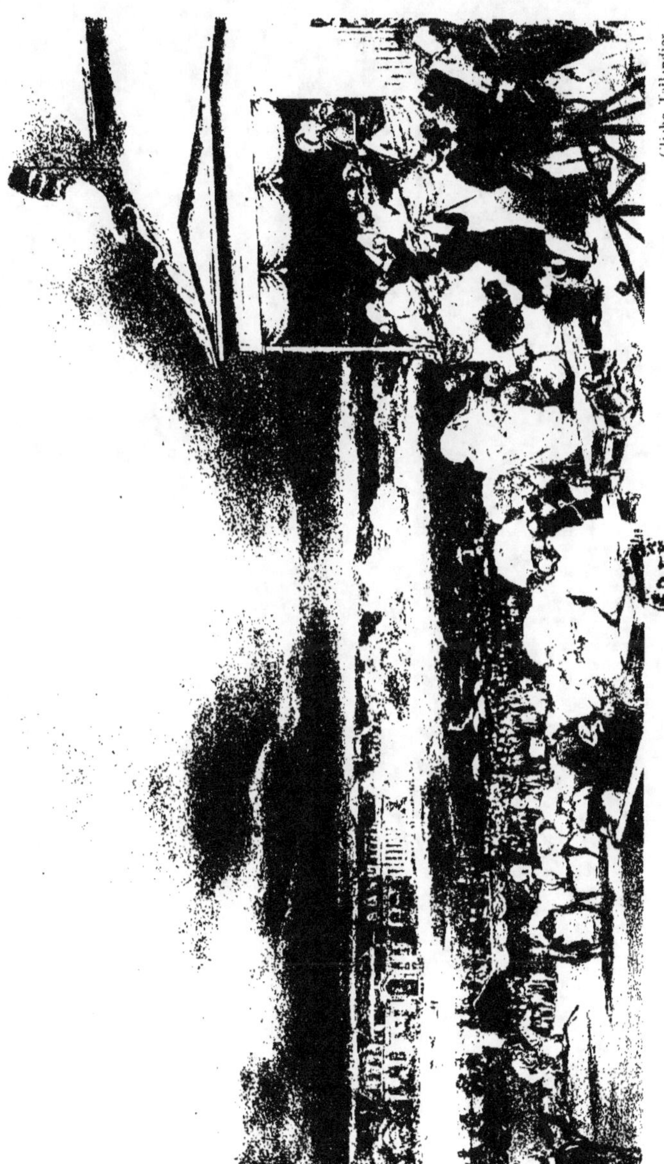

LES COURSES A CHANTILLY

d'après Eugène Lami

Cliché Taillandier

Pl. — XVI.

décorées avec goût et variété, portaient des orchestres, puis on dansa dans le salon peint par
Watteau, « et M. le duc d'Orléans, si bien secondé
par la duchesse dans tout ce qui demande du goût
et du tact, a fait les honneurs de cette petite soirée avec cette bonne grâce polie et simple qui
n'exclut pas la dignité ».

Le dimanche, ce fut la grande foule. Dès le
matin, Chantilly était pris d'assaut : des moyens
de transport de toutes sortes amenaient quantité
de gens en habits de ville ou en accoutrements
rustiques : « les carrioles, les calèches s'entrecho-
quaient, il ne restait plus un seul logement libre,
et on nous dit que le vicomte W... n'a pu
trouver d'asile pour la journée que dans un cabinet de lecture où il a payé cinquante francs pour
une cuvette d'eau et la location d'une table sur
laquelle il a mangé ses comestibles, apportés de
Paris ».

Pour cette réunion, les dames avaient fait de
grands frais de toilette : « des robes de soie de
couleurs riantes et à la mode, des chapeaux gracieux, des bouquets parisiens, annonçaient un
soin et une préméditation inusités. Mmes Duchâtel,
de Rumigny, de Lobeau étaient dans la tribune du
duc d'Orléans ».

Le soir, il y eut illumination, feu d'artifice et
bal dans la galerie.

Il nous faut reconnaître que Roqueplan fut un
des rares Français de son époque qui comprirent
l'utilité des courses de chevaux au point de vue
de l'amélioration de la race chevaline, après s'être

plaint dans les *Nouvelles à la main* du 20 juin 1841
que la cavalerie manquait de bons chevaux : « Il
n'y a pas à se creuser la tête pour découvrir le
moyen d'en avoir, dit-il, il n'y a qu'à faire comme
les Anglais et les autres peuples : améliorer les
races par le pur sang. »

En écrivant ces lignes, Nestor Roqueplan se montrait un véritable précurseur, et il y avait bien des
chances pour qu'il ne fût compris que d'un très
petit nombre de ses contemporains, surtout parmi
les Français, car on considérait alors la mode des
courses en France comme une des nombreuses
formes de l'anglomanie, et, huit ans plus tard, en
1853, Texier écrit encore dans son *Tableau de Paris*:

« La passion du cheval, et surtout du cheval de
course, n'existe en France qu'à l'état de mode,
et comme toutes les modes qui se sont succédées
dans notre heureux pays, elle est destinée à n'avoir
qu'un temps. »

A cette époque, on se refusait à croire, en haut
lieu, à l'amélioration de la race chevaline par le
pur sang anglais, et quand le célèbre comte d'Orsay, appuyé par le duc de Guiche, son beau-frère,
et par le comte Alexandre de Girardin, grand-
veneur de la Cour, s'occupa de cette question,
il ne fut pas écouté.

L'administration des Haras s'opposa à la régéné-
ration des races indigènes par le pur sang anglais.
Le comte d'Orsay fut pourtant, avec lord Seymour,
un des pionners du sport hippique en France.

Ainsi, le 4 mars 1830, à la fin d'une très belle
journée, une course au clocher fut disputée pour

la première fois suivant les règles anglaises à
Jouy-en-Josas, pays d'écurie.

Le duc de Guiche était juge, M. Standish, star-
ter. Il y eut sept partants. M. Denormandie, le meilleur gentleman de son temps, gagna sur *Locic*,
suivi du comte Karolyi montant *Skyscraper*, du
comte de Pembroke, avec *Grasshopper*, du prince
de la Moskowa. Le comte d'Orsay, sur *Stag*, fer-
mait la marche.

Avant la création des hippodromes d'Auteuil
et de Longchamp, les courses de Paris se faisaient au Champ-de-Mars, sur un terrain sablon-
neux ; les tournants, bien trop courts, étaient très
dangereux.

Les steeple-chases se couraient à la Croix-de-
Berny où s'alignaient les meilleurs gentlemen de
l'époque, et à La Marche, dans ce parc magnifique,
situé près de Vaucresson.

C'étaient de véritables fêtes champêtres. On s'y
rendait en mails-coaches, en breacks, dog-carts,
tilburys, on déjeunait sur l'herbe, et toutes ces
voitures, conduites par nos meilleurs « gentlemen-
drivers » s'amusaient, au retour, à faire la course
entre elles, dans des flots de poussière.

Mais décidément, le sport hippique s'implan-
tait difficilement dans nos mœurs.

« Malgré les faveurs de la mode, poursuit
Texier, malgré la fondation d'un club fameux,
dont l'origine et l'appellation sont spécialement
hippiques, malgré l'institution plus sérieuse de la
Société d'encouragement pour l'amélioration de
la race chevaline, le sport n'a guère plus pénétré

dans nos mœurs que le mot dans notre langue. »

A ce point de vue, du moins, Texier ne se montrait vraiment pas bon prophète !

*
* *

Après l'équitation, l'escrime était l'exercice le plus prisé des gens du monde.

Il y avait à cela plusieurs raisons dont la première était qu'on se battait très souvent en duel.

Aux excellents maîtres de la Restauration, Jean-Louis, Lafaugère, Pons aîné, avaient succédé Bertrand, les frères Lozès, puis Cordelois, Gâtechair, Prévost père (qui enseigna surtout à Londres), Grisier, Pons neveu, et enfin, dans les dernières années du Second Empire, le célèbre Louis Mérignac, toujours solide au poste.

Leurs élèves savaient mettre à profit leurs excellentes leçons.

Ils s'appelaient Choquet, baron de Bazaugourt, marquis de l'Angle-Beaumanoir, Maxime Caccia, etc., sans parler de lord Seymour et de sa salle d'armes que nous avons déjà décrite.

*
* *

Les autres sports? Inexistants, du moins en France.

La course à pied, l'athlétisme en général étaient inconnus.

La gymnastique aux agrès, importée en France par le colonel Amoros, Espagnol naturalisé Français, devint bientôt florissante et les gymnases se multiplièrent à Paris et dans toute la France.

L'école de Joinville fut fondée le 22 juin 1852 par le colonel d'Argys, élève et disciple d'Amoros.

Le cyclisme, malgré la géniale invention de la pédale par Michaux, en 1855, ne pouvait être pratiqué que par une minorité.

Cependant, sur ces vélocipèdes primitifs, aux roues cerclées de fer, l'Anglais Moore gagnait, en 1869, dans l'allée centrale du parc de Saint-Cloud, la première course de vitesse cycliste qui ait jamais été organisée.

La même année, le 7 novembre, fut courue la première épreuve cycliste sur route.

Elle était organisée par le *Vélocipède illustré*, doyen de la presse cycliste, que venait de fonder Richard Lesclide, homme de lettres et poète, ami et secrétaire de Victor Hugo.

L'itinéraire choisi fut Paris-Rouen. Il y eut trois cents engagés et cent partants, chiffre étonnant pour l'époque.

Ce fut encore l'Anglais Moore, décidément aussi bon sur le fond que sur la vitesse, qui gagna faisant les 126 kilomètres en 10 h. 40, soit à la vitesse moyenne d'environ douze kilomètres à l'heure, ce qui était excellent si l'on songe aux machines de l'époque.

Cependant, il faudra attendre les environs de 1892, l'invention du pneumatique, et surtout l'audace très grande du prince de Sagan d'oser se montrer à bicyclette au bois de Boulogne, pour faire du cyclisme un sport élégant.

Ajoutons, d'ailleurs, qu'instrument surtout utilitaire aujourd'hui, la bicyclette a complètement perdu son prestige au point de vue de l'élégance.

Nous avons situé à peu près l'état du sport en France au moment de la mort de Nestor Roqueplan, c'est-à-dire à la fin du Second Empire.

L'escrime, vieil exercice français, et seul reste en somme des temps de la chevalerie, nous semble avoir été le seul sport qui ne fut pas discuté à cette époque.

Le cheval, ou plutôt le sport hippique est encore considéré par beaucoup comme une forme d'anglomanie, comme une mode qui n'aura qu'un temps, et rares sont ceux qui croient à l'amélioration de la race chevaline par le pur sang anglais. Cependant, nous avons plaisir à constater que Nestor Roqueplan se trouve parmi ces rares personnes.

Quant à l'amélioration de la race humaine par le sport, personne n'y songeait encore.

C'est à peine si, de nos jours, on prend au sérieux les journalistes qui osent aborder semblable sujet.

TABLE DES HORS-TEXTES

TABLE DES VIGNETTES

TABLE DES MATIÈRES

CHARTRES. — IMPRIMERIE DURAND, RUE FULBERT (3-1930).